Good
Time

目 錄

1.3 綜合卷

1.4 口語卷

CHAPTER 2
英文科考試心得

2.1 我的故事:完全聽不懂英語課的三個月

2.2 如何提升自己的英文底子?

CHAPTER 3
溫習及操卷心得

3.1　數學及選修科高分六部曲

3.2 語文科目及按年份操練的歷屆試題

CHAPTER 4
時間分配及專注法則

4.1　平日如何分配時間？

4.2　假日或 Study Leave 的時間安排

4.3　讓自己專心溫習的方法

CHAPTER 5
後記

序 言

很多人聽到「狀元」二字，便馬上會聯想到「名校」和「天才」——非常不幸，我自小跟兩者都無緣。在香港的教育制度及家長的催谷文化下，也許很多「學霸」從幼兒園開始就被送去五花八門的補習班，然後從小就名列前茅，繼而入讀名小學、名中學，大學也理所當然地一帆風順……老實說，我的所謂「學霸之路」，大抵算不上典型。

我從幼兒園到中學都並非就讀名校。母校在我當年畢業時只有十年歷史，可謂是寂寂無名的一所新校，身邊大部分的同學對於讀書考試並不是太上心；而我和「天才」二字更是相差甚遠，很多概念我都不是一看就懂，也沒有過目不忘的能力，甚至曾經在小時候質疑過自己的智商。事實上，從小我就是個特別容易沒有安全感的人，經常容易妄自菲薄，遇到重大抉擇時更是會陷入恐慌狀態。看到這裡，如果你是有看過我 YouTube 影片的觀眾，大概會覺得不可思議吧？

自從在 YouTube 上載教學影片，我所展現的形象都是自信而積極的。我甚至因此在網絡上招惹了不少批評的聲音，說我在影片中經常標榜自己拿到 DSE 7 科 5** 和 IELTS 9 分是自滿跟愛炫耀的表現。雖然與重點無關，但我必須趁這個機會澄清：為了吸引更多的新觀眾，我能想到的最佳辦法就是使用一個會吸引眼球的名銜。而且作為一個分享讀書心得跟考試技巧的頻道，必須要快速建立觀眾的信心，讓大家知道我分享的方法都是奏效的——大概沒有什麼比客觀數據更有說服力了。

有的人可能會說，只要影片的內容是有質素，即使完全不提及自己

的成績，還是能吸引到觀眾。事實上，我分享的所有方法跟技巧都是我自己親身試驗過，因此我對自己製作的內容非常有信心。無奈在現今訊息氾濫的年代，觀眾的注意力越來越短，如果沒有特別吸睛的亮點，恐怕觀眾在發掘到影片的內涵前已經略過了內容。至於是「外向自信」的形象，我必須承認，這是有點刻意塑造的——大概沒有誰喜歡在 YouTube 上永遠看到愁眉苦臉的分享吧？如果連分享者都對於自己的內容顯得沒有信心，那又如何說服觀眾呢？這麼一來，很多人都更難以想像我內心深處的自卑和惶恐不安。

我並不是從小學一年級就名列前茅。我跟很多同學一樣，一樣試過在考試前夕緊張得輾轉難眠、一樣曾經質疑自己是否天資不足而在考試中屢遭滑鐵盧、一樣有過因拖延症發作而耽誤溫習進度的時刻。由於父母從小對我學習沒有太多干涉，加上朋輩影響，我也有過沉迷打電腦遊戲的時候。直到小學四年級，我才無意中發現書局原來有出售大量補充練習，只是抱持著「玩玩吓」的心態買了幾本，用作準備校內的年末考試，豈料到那次考試竟然意外地得到了全級第一。當然，小學時期的我能力有限，並沒有系統性把做過的試題分門別類，但我意識到一件重要的事情——每個課題都有其考核重點及常見題型，只要多做幾本補充練習便能萬無一失——這可是個「有付出就有回報」的遊戲啊！

我知道這樣聽起來很不真實，但只要把考試當作成一款戰略性遊戲，大概就能發現操練試題的樂趣。首先透過操練大量題目發現它們的共通點，把它們分門別類；然後歸納出一套又一套的規律，從

而一步一步創出答題技巧和步驟；甚至到最後覺得自己能洞悉出題者的心思，對他們設的陷阱瞭如指掌——這個從「不懂」到「懂」的過程，不是跟遊戲裡的披荊斬棘、過關斬將很相似嗎？而這個過程比起打遊戲好像更能考驗我的能力，為我帶來更大的滿足感。我從來不把讀書跟溫習當成一項苦差，反而從中尋找屬於自己的樂趣。

説了這麼多，和這本書的主題有什麼關係呢？作為一本分享考試及讀書心得的書，本來是沒有必要跟大家揭示自己軟弱的一面。我大可以仿效坊間的補習天皇天后，繼續塑造那個「自信、聰明、高高在上」的形象。然而我認為這樣是沒有意思的——真正有效的讀書方法，並不是能令天才在考試中取得佳績，而是能令資質平庸的同學透過使用正確的技巧和心態，取得和天才一樣好的成績；而對本身天資聰穎的同學更是錦上添花，不要多走冤枉路而浪費自己寶貴的時間。我會如此坦誠地告訴大家我的弱點，就是想大家知道天資固然是重要，但很多考試根本不要求考生有多聰明（關於香港考試制度的弊病，在這裡就不多談），而是看你有沒有一套完整的策略，並且保持正確的心態，用意志力把這套策略執行到底。

我既不是過目不忘，也不是一看就懂，還是能在文憑試和各類考試中持續獲得好成績，靠的就是高效率的讀書方法、正確的心態和貫徹始終的執行力——也就是我在這本書會跟大家分享的內容。

Melody Tam

DSE 7科5＊＊狀元

推薦序 ①

二十一世紀的中學考生，不同的時代，有不同的難處。除了讀書分科細微，知識爆炸，日新月異，還要應付如全球瘟疫、停課自修的突發危機，殊不容易。

香港公開試DSE，是每位考生的人生轉捩點。功課量大，範疇廣闊，但課堂之外，幸有一位過來人譚樂敏（Melody），以曾取得優異狀元成績而昇學名校的同輩身份、學生角度、貼地近距、現身説法，提綱挈領，結構組織，以深入淺出的手法、簡潔精巧的語言，抓要點、得精髓，向香港應屆畢業生提供便利的考試心法，務求將壓力減至最低，效率發揮最大。

考生參閱，保持冷靜，循此書的要點次序，抽絲剝繭，配合課程，一定心境平和，大有收穫，值得真誠推薦。

陶傑

疫情當下，難得收到一個好消息。

Melody出書了，終於將她多年來的學習心得用文字記下來，與莘莘學子分享。我一口氣看畢她傳來的手稿，十分欣賞她建立的一套有系統讀書方法，難怪在文憑試中奪得佳績。

這本書的可讀性很高，相信對正在準備文憑試的同學尤其有參考價值。Melody在書中除了詳細分析語文科的備考策略、時間管理技巧及溫習心得外，亦真誠地分享成長心路歷程，坦承自己的軟弱和不足。著名學者 Brené Brown 就曾提到「脆弱的力量」，只要願意打開心扉，摒棄自我保護心態，內心的脆弱便會化成勇氣，引領我們向前。

成功非僥倖，自從立心要改善英語水平後，Melody就每周末都到圖書館借英文書，多認識新詞彙，又把握在日常生活中學習英語的機會，積極裝備自己。或許這些都是耳熟能詳的方法，但關鍵在於持之以恆，建立良好習慣。這種處事態度不單可應用在讀書求學上，同學將來投身社會工作後也非常管用。

我曾在Melody就讀的中學任教，認識她超過十年了。文憑試過後，她創立YouTube頻道，拍片傳授讀書心得，當中最受歡迎的影片有超過18萬人次觀看，殊不簡單。從網民的回應，就可見Melody的心得對同學非常實用。我深信本書的每位讀者，同樣會獲益良多。

施俊輝
十優狀元
教育局局長政治助理

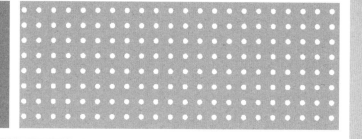

相信每個父母都希望自己的子女成材，只要有能力，都想給他們最好的成長環境和教育，我也不例外。

當年Melody入讀的小學是一間新學校，教學模式是活動教學，功課量少，測驗考試也相對少，選擇這間小學主要原因是希望她可以開心學習，不會有太大的讀書壓力，她讀小一、小二時，每天只需半小時就完成功課，每年只有一次考試，這使她有很多時間做自己喜歡的事情，例如閱讀、學小提琴、畫畫、游泳等，到了她升讀小三開始，除了平時檢查功課外，我會幫她溫習測驗、考試，買一些坊間的補充練習和親自出題目給她做。她每次都會努力完成，還主動讓我買多些練習給她做。在日積月累的努力下，她的成績不斷進步，小四至小六都考獲全級第一，那時她爸爸對她說：「可以取得這成績，一半功勞是你媽媽的！」

Melody想證明靠自己能力也可以考到好成績，自升讀中學後，她不再讓我幫她溫習，由小學升讀中學是學習的另一階段，她需要自己去適應當中的變化過程，記得她讀中一時，中國歷史科測驗曾經試過不合格，原因是她尚未習慣要背誦大量資料。我想幫她溫習，但她堅持自己去克服，最後那年她考得全級第二。之後她用她自己的那套讀書方法，由中二至中六保持了全級第一的成績，更在DSE中取得7科5**的佳績，這時Melody可以自豪地說：「這是靠我自己努力得來的成果！」

我為Melody感到驕傲，雖然讀書成績不是代表一切，但我明白讀書要取得好成績並不是一件容易的事，她在過程中一定遇到不少問題和困難。我相信憑着她的堅持和毅力，還有她具備的讀書方法和心理素質，令她在學業上取得突出的成績。她在這幾年不斷在社交平台分享她的讀書心得，就是想幫助學生提升他們的學習成效。希望她在這方面繼續努力加油，我和家人會永遠支持她！

Daphne

（編按：Daphne為Melody的母親）

CHAPTER 1

中文科
考試心得

1.1

閱讀卷

1.1.1 | 文言文

很多同學一看到「文言文」三字便感到毛骨悚然，認為根本沒有可能完全讀懂篇章，那又如何答題呢？

我坦白承認自己的中文根底不算深厚，幾乎沒有完全看懂過任何一篇文言篇章，卻仍能取得不俗的成績；很多中文根底比我好的同學，在閱讀卷中竟遭滑鐵盧，死因就是在文言文部分徹底失敗，連最基本的語譯部分都只取得幾分。

文言語譯其實是最簡單直接的部分，絕對值得同學花時間溫習。在白話文中，就算你能讀懂文章的每一個字，答題時仍然可能會遭滑鐵盧；反觀文言文，只要願意花時間背誦常見文言字詞並多做練習，文言語譯可謂是有付出就幾乎肯定有回報。這個部分每年會出5至6個字詞，外加1至2句完整的文言句子，佔全卷滿分80多分中的13至18分，絕對不容小覷，可以幫同學跳升一到兩個等級。

採用有系統的方法背誦文言字詞

當然，背誦文言字詞也不是一味死記硬背，而是可以採用有系統的方法。我會建議同學從常見的副詞和代詞下手，例如是範圍副詞、程度副詞、人稱代詞等，出現頻率極高；與此同時，背誦了一些基本常見字詞，就算未能百分百讀懂篇章，也至少懂個大概，能大大提高短答題的命中率。最有效的學習方法是在做文言練習時自行抄下常見字眼，並配搭例句及白話翻譯。

我會先用「總表」形式列出所有常見字詞，方便快速重溫；在總表中的每一組字詞我都會再作細分（分表），配上例句和語譯。以下的例子並非叫同學死背列表，而只是想展示我認為有用的溫習範例，希望同學可以舉一反三，按此方法有組織地溫習。

例：常用副詞及代詞表（總表）

範圍副詞	
全部	悉、鹹、咸、凡、皆、盡、畢、俱、具、率
只/只是/只有	但、徒、獨、止、唯、惟、第、則
一起	共、並
程度副詞	
越/更加	益、尤、彌、愈、滋、更、稍
輕度	稍、略、少、頗、微
很/非常	殊、頗、極、至、甚、絕、良

時間副詞	
已經	已、業、既
曾經	曾、嘗
從前	初、向、昔、曩
正在	方、會、適
將要	將、且、行、欲、其
經常/向來	常、雅常、時、恆、勤、素
一會兒/不久	俄、俄而、然、傾、既而、未幾、暫、有頃、頃之、少間、尋、須臾、有間、未幾、旋
忽然	乍、暴、忽
終結	終、卒、遂、竟、迄、訖
否定副詞	
不	不、弗、未、勿、莫、無、毋、非、匪
禁止	勿、毋、莫、無
疑問	不、無、否、未
人稱代詞	
第一人稱	吾、余、予、仆、寡人（君主）、朕（君主）、孤
第二人稱	子、汝、爾、乃、若、而、君、足下
第三人稱	之、其、彼、伊、焉、夫、乃
指示代詞	
這	是、此、斯、之、茲、然、焉
那	彼、其、夫
疑問代詞	
怎麼/怎樣/如何/為什麼	何、曷、胡、奚、安、惡、焉

以範圍副詞為例，我都會為每一個字詞尋找例句，又或者在做文言練習時摘錄包含有關副詞的句子；白話翻譯的部分，我會先嘗試自己為例句翻譯，再比對網上的翻譯文本，最後做筆記時亦會特別標記字詞位置。

例：範圍副詞表（分表）

全部		
字詞	例句	白話翻譯
悉	「其中往來種作，男女衣著，**悉**如外人。」——《桃花源記》	那裡面的人們來來往往耕田勞作，男女的穿著**完全**像桃花源以外的世人。
鹹/咸	「群賢畢至，少長**咸**集。」——《蘭亭集序》	各種賢人、老少**全都**聚集在一起。
凡	「由是先主遂詣亮，**凡**三往，乃見。」《出師表》	於是先主就去拜訪諸葛亮，**總共**去了三次才見到他。
皆	「過也，人**皆**見之。」——《論語》	有過錯時，人人**都**看得見。
盡	「萍水相逢，**盡**是他鄉之客。」——《滕王閣序》	萍水容易相逢，大家**都是**他鄉作客的朋友。
畢	「政治未**畢**通也，遠方之能疑者，並舉而爭起矣。」——《論積貯疏》	政治還沒**完全**上軌道，離朝廷遠的地方懷有二心的人會合併起來爭相鬧事。
俱/具	「吾與汝**俱**少年，以為雖暫相別，終當久相與處。」——《祭十二郎文》	我和你**都**年輕，以為儘管暫時分離，最終還是會長久團聚的。
率	「六國互喪，**率**賂秦耶。」——《六國論》	六國接連滅亡，**都是**因為有賄賂秦國的嗎？

只 / 只是 / 只有		
字詞	例句	白話翻譯
但	「不聞爺娘喚女聲，**但**聞黃河流水鳴濺濺。」——《木蘭詩》	聽不見父母呼喚女兒的聲音，**只**能聽到黃河的流水聲。
徒	「強秦之所以不敢加兵於趙者，**徒以**吾兩人在也。」——《廉頗藺相如列傳》	強大的秦國之所以不敢攻打趙國，**就只因**有我和廉將軍在呀。
獨	「今**獨**臣有船，漢軍至，無以渡。」——《垓下之戰》	現在**只有**我有船，漢軍即使追到這裡，也沒有船隻可渡過。
止	「技**止**此耳。」——《黔之驢》	驢的技藝**僅僅只是**這樣而已！
唯 / 惟	「或説處殺虎斬蛟，實冀三橫**唯**余其一。」——《周處》	有人勸説周處去殺死猛虎和蛟龍，實際上是希望三個禍害互相拼殺，最後**只**剩下一個。
第	「江山之外，**第**見風帆、沙鳥、煙雲、竹樹而已。」——《黃州新建小竹樓記》	這裡江山形勝之外，**只**見輕風揚帆、沙上禽鳥、雲煙、竹樹而已。
則	「日初出，大如車蓋，及日中，**則**如盤盂。」——《兩小兒辯日》	太陽剛升起時，大得像車蓋，到了中午時**僅僅**小得像一個盤子。
一起		
字詞	例句	白話翻譯
共	「和氏璧，天下所**共**傳寶也。」——《廉頗藺相如列傳》	和氏璧是天下人**一起**傳頌的寶物。
並	「腥臊**並**禦，芳不得薄兮。」——《涉江》	腥的臭的**都一同**用上了，芳香的卻不能接近啊。

用「總─分」的組織方法，掌握一詞多義的常見虛詞

另外，明白文言文中的一詞多義也十分重要，尤其是常見的文言虛詞。例句和白話翻譯的部分在背誦一詞多義的文言字詞時更加重要，同學必須訓練自己能夠從前文後理推斷該虛詞的意思。

對於一詞多義的常見虛詞，我一樣會採用「總─分」的組織方法，先創造容易一眼閱覽的總表，但單看此總表難以理解和背誦，因此就每一個多義的詞語，都會製作一個分表。

比如下面的文言虛詞總表，我列出了「於、之、其、或、然、乃、為、以」，右邊只是簡略地寫了解釋和詞性。就每個虛詞，我都會做另一個更詳細的列表。就以「於」為例，就著它的常見解釋，我每個解釋都會列出例句及語譯。

例：文言虛詞表（總表）

一詞多義：常見虛詞	
於	在（介詞）、由於（介詞）、對於（介詞）、被（介詞）、比（介詞）
之	他/ 他們/ 他的（人稱代詞）、這/ 此（指示代詞）、去（動詞）、的（結構助詞）

其	我 / 我們 / 我的（人稱代詞）、你 / 你們 / 你的（人稱代詞）、他 / 他們 / 他的（人稱代詞）、那 / 那個（指示代詞）、其中（指示代詞）、難道（副詞）、還是（副詞）、如果（連詞）
或	有的（不定代詞）、有時候（副詞）、或許（副詞）、又（副詞）
然	這樣（代詞）、然而 / 但是（連詞）、的樣子（助詞）
乃	便 / 於是（副詞）、竟（副詞）、就是（副詞）、你 / 你們 / 你的（人稱代詞）
為	被（介詞）、向（介詞）、做（動詞）、是（繫詞）
以	認為（動詞）、把（介詞）、用 / 拿來（介詞）、因為（介詞）、並且（連詞）、如果（連詞）

例：文言虛詞表（分表）——於

於		
用法	例句	白話翻譯
在（介詞）	「宋公子及楚人戰**於**泓。」——《子魚論戰》	宋襄公**在**泓地跟楚軍交戰。
由於（介詞）	「業精**於**勤，荒**於**嬉。」——《進學解》	學業**由於**勤奮而專精，**由於**玩樂而荒廢。
對於（介詞）	「**於**其身也，則恥師焉。」——《師說》	**對於**他自己，卻以跟從老師而感到可恥。
被（介詞）	「臣誠恐見欺**於**王而負趙。」——《廉頗藺相如列傳》	我害怕**被**大王您欺騙而辜負趙國。
比（介詞）	「冰，水為之，而寒**於**水。」——《勸學》	靛青是從藍草里提取的，卻**比**藍草的顏色更青。

例：文言虛詞表（分表）——之

之		
用法	例句	白話翻譯
他／他們／他的（人稱代詞）	「生之有時而用**之**無度。」——《論積貯疏》	生產養息要有時間而使用**它們**卻沒有節制。
這／此（指示代詞）	「均**之**二策，寧許以負秦曲。」——《廉頗藺相如列傳》	權衡**這**兩種情況，寧可答應秦國（的請求），而使秦國背負理虧的責任。
去（動詞）	「吾欲**之**南海。」——《為學》	我想**去**南海。
的（結構助詞）	「防民**之**口，甚於防川。」——《邵公諫厲王弭謗》	阻止人民說話**的**危害超過了堵塞河川的危害。

機不可失的「執分位」！

特別想提醒同學的是，疑問詞和語氣詞經常在語譯部分出現，雖然每年只佔2到4分，卻是機不可失的「執分位」。語氣詞的用法非常接近，例如「何」可解作「甚麼」、「為什麼」、「怎麼」和「哪個」等，字面意思雖然相近，卻不可混為一談。同學必須指出疑問代詞在該句子中的準確意思，語譯部分才會有分。

例：疑問 / 語氣詞表（總表）

疑問 / 語氣詞	
何	甚麼（代詞）、為什麼（代詞）、怎麼（代詞）、哪裡（代詞）、哪個（代詞）、多麼（副詞）
乎	嗎、吧、啊 / 呢、沒有實際意義
耳	而已、罷了
焉	了、啊
夫	啊、吧、沒有實際意義
也	表示停頓、表示肯定語氣

例：文言虛詞表（分表）——何

何		
用法	例句	白話翻譯
甚麼（代詞）	「一旦山陵崩，長安君**何**以自託於趙。」——《觸龍説趙太后》	一旦您百年之後，長安君憑**甚麼**在趙國站住腳呢？
為什麼（代詞）	「則凡可以得生者，**何**不用也？」——《孟子》	那麼凡是可以用來求生的手段，那種手段**為什麼**不可以使用呢？
怎麼（代詞）	「徐公**何**能及君也？」——《鄒忌諷齊王納諫》	徐公**怎麼**能比得上您呢？
哪裡（代詞）	「豫州今欲**何**至？」——《赤壁之戰》	現在打算往**哪裡**去呢？
哪個（代詞）	「前世不同教，**何**古之法？」——《商君書·更法》	以前的朝代政教各不相同，應該去效法**哪個**朝代的古法呢？
多麼（副詞）	「朔來朔來，受賜不待詔，**何**無禮也。」——《漢書》	東方朔啊，東方朔啊！受賜不受詔，這是**多麼**的無禮？

例：文言虛詞表（分表）──乎

乎		
用法	例句	白話翻譯
嗎	「大王嘗聞布衣之怒**乎**？」──《唐雎不辱使命》	大王曾經聽說過平民發怒**嗎**？
吧	「則齊國其庶幾**乎**？」──《莊暴見孟子》	那麼齊國治理得大概很不錯了**吧**？
啊／呢	「孰知賦斂之毒有甚是蛇者**乎**！」──《捕蛇者說》	誰知道搜刮老百姓的毒害有比這種毒蛇更厲害**呢**！

再次強調，以上的列表並非並非叫同學死背，而且受篇幅所限，也不可能列出所有常見的文言字詞。坊間有不少列出數百個文言字詞的「天書」，我自己也有推出中文科的精讀筆記，但我仍然要拆自己的台──天書固然有其參考價值，濃縮了不少技巧和精華，對其他卷別或科目而言，可以為同學提供節省時間的捷徑。然而，個人認為文言文可算是例外，的確須要同學日積月累的努力。最佳的學習方法，還是堅持每天早上起床就語譯一篇文言文，並且在過程中把經常出現的自己以「總─分」的方式系統性製作專屬自己的文言詞集。

遇到陌生字詞時，該如何應對？

當同學已經累積一定的基礎，大致上能讀懂文章內容，並且把常見的虛詞、代詞和副詞都背誦得滾瓜爛熟，仍然很大機會遇到不懂的

字詞——這是十分正常的情況。遇到陌生字詞時，除了可以憑藉前文後理猜測意思，還有幾個要點可以留意。

第一，文言文較白話文精簡，往往用一個字就能表達完整的意義。因此不少同學看到兩個連續的單音詞，容易誤會以為成白話文中的雙音詞。或者有的時候同學看到兩個單音詞組成的雙音詞，其中一個字是沒有意思的。以下僅列出數個例子：

字詞	意思	例句	白話翻譯
中間	中：其中；間：夾雜	「**中間**力拉崩倒之聲」——《口技》	**其中夾雜**著房屋倒塌的聲音。
痛恨	痛：痛心；恨：遺憾	未嘗不歎息**痛恨**於桓、靈也。——《出師表》	沒有曾經一次不對桓、靈二帝的做法感到**痛心遺憾**的。
交通	交：縱橫交錯；通：四通八達	「阡陌**交通**，雞犬相聞。」——《桃花源記》	田間小路**交錯相通**，村落間能相互聽到雞鳴狗叫的聲音。
故事	故：以前的；事：事情	「苟以天下之大，而從六國破亡之**故事**，是又在六國下矣。」——《六國論》	如果憑藉偌大的國家，卻追隨六國滅亡的**先例（＝以前的事情）**，這就比不上六國了。
淺深	淺（陪襯，無意義）；深（側重詞）	「則山下皆石穴罅，不知其**淺深**。」——蘇軾《石鐘山記》	山下到處都是石洞石縫，不知道山洞石穴有多**深**。

第二，文言文中經常有通假字的情況。同學如果發現原文中的字詞放到句子中不大合理，便可以往同音字的方向想，例如：

字詞	意思	例句	白話翻譯
女	通「汝」，你	悔**女**知之乎？——《論語》	我教給**你**的，你懂了嗎？
曾	通「增」，增加	「所以動心忍性，**曾**益其所不能。」——《生於憂患，死於安樂》	這樣來激勵他的心志，使他性情堅忍，**增加**他所不具備的能力。
左	通「左」，座位	「先自度其足，而置之其**左**。」——《鄭人買履》	先測量好自己腳的尺碼，把尺碼放在他的**座位**上。
還	通「環」，環繞	「秦王**還**柱而走，卒惶急不知所為。」——《荊軻刺秦王》	秦王還正在**環繞**著柱子跑，倉猝間驚惶失措，不知道怎麼辦。
知	通「智」，智慧	「小**知**不及大**知**，小年不及大年」——《逍遙遊》	見識淺短的小**智慧**趕不上見識深遠的大**智慧**，年壽短的比不上年壽長的。

第三，文言文中經常會出現詞類活用的情況，比如說名詞作動詞或狀語用，或者是名詞、動詞和形容詞都可以成為使動用法（也就是英文中的 passive voice），例如：

字詞	意思	例句	白話翻譯
臣	使臣服（名詞 → 使動用法）	「而欲以力**臣**天下之主。」——《史記》	而想以武力**使**天下的諸侯**屈服**。
將	任命為將（名詞 → 使動用法）	「齊威王欲**將**孫臏。」——《孫臏》	齊威王**封**孫臏作為**將領**。
險遠	危險而又道遠的地方（形容詞 → 名詞）	「常在於**險遠**。」——《遊褒禪山記》	常常在那**險阻、僻遠**，少有人至的地方。
私	偏愛（形容詞 → 動詞）	「吾妻之美我者，**私**我也。」——《鄒忌諷齊王納諫》	我的妻子說我英俊，是因為她**偏愛**我。
出入	出：出產；入：收入（動詞 → 名詞）	「殫其地之**出**，竭其廬之**入**。」——《捕蛇者說》	他們拿出了土地的全部**出產**，交出了家中的全部**收入**。

以上三點解釋了為什麼文言文經常會有古今詞義不一的情況。由於會出現的組合實在太多，實在不宜死記硬背，也是為什麼必須靠同學平常多做練習才能培養出文言文的語感。

1.1.2　白話文

之前提到溫習白話文的努力跟回報不大成正比，那麼又能如何最大化我們努力的成果呢？

老生常談的方法在這裡就不多説，畢竟底子太差的同學任憑有再多的「神技」也根本不能有效運用。對於本身底子不俗、分數卻停滯不前的同學，當務之急理應是瞭解閱讀卷的常見題型及作答框架。

在閱讀卷中，選擇題、短答題固然每年會出現，卻會因題材內容和出題年份而大幅轉變。因此，這個部分主要想針對同學經常失分的長答題型，希望可以讓同學明白作答的思維。而我認為最值得花時間準備的題型為：（1）評論/ 比較題、（2）寫作手法題、（3）段旨/主旨題，因為基本上每年都會出現，且可以用有系統的方式預先練習和準備。其他題型如引例題、比喻題、文學賞析題等，雖然我也有寫進自己的精讀筆記，但準備的性價比不如上述提及的三種題型高。礙於篇幅所限，難以列出所有長答題型，而且每年考評局都可能會微調問法，形成換湯不換藥的「新題種」。為了讓同學可以應對不同的題型，最後我也會以較少出現的刪文題為例，示範如何靈活應用熱門題型的思維。

（1）評論／比較題：學會答題思路和框架，取分比選擇題低更易！

每篇白話文的最後幾題，總會要求考生進行「高層次思考」，要運用個人的批判能力去評論作者或文章角色，或是比較兩個不同的看法，再表達自己的立場。

很多沒有答題框架意識的同學便會以為這些是「純吹水題」，結果亂寫一通而獲得下品分數，可以看看以下例子：

> **題目例子：作者在文中否定人物Ａ的「孝行」，你是否贊同作者的觀點？為什麼？**
>
> 下品回答範例：文中人物Ａ模仿嬰兒的言行，但是我認為人物Ａ這種看似虛偽的言行是孝的自然流露，即使行為看上去是惺惺作態，孝之情卻是真情流露，並非作者所說的虛偽，因此我不同意作者的看法。

下品回答範例沒有一開始就表明自己的立場，而且也沒有顯示給考官看自己對於文本的理解，分數自然不理想。

做這類型的問題，最重要是令考官覺得你的答案有條理，論點有文本論據支持，而非泛泛而談。這些每道動輒佔３到６分的題目，若能學會答題思路和框架，奪取分數的難易度甚至比選擇題低。以評論

題作者題為例，作答的步驟應該為：（1）立場 →（2）撮要作者看法
（必須包含文本關鍵字眼）→（3）同意/反駁理據 →（4）例子（視乎
題目要求）。

> **題目例子：作者在文中否定人物A的「孝行」，你是否贊同作者的觀點？為什麼？**
>
> 上品回答範例：我不同意作者的看法（立場）。作者認為人物A的
> 行為是愚孝，因為他為了討好父母而模仿嬰兒的言行，年逾七旬仍
> 然身穿彩衣及裝作跌倒。他認為即使是為了孝順，「詐」的行為仍
> 然是虛偽和不當（撮要作者看法）。若人物A內心根本沒有孝而強
> 行模仿嬰兒的言行，當然應該批評。然而，我認為人物A這種看似
> 虛偽的言行是孝的自然流露，他內心是孝順父母才做出如此誇張的
> 行為，即使行為看上去是虛偽，孝之情卻是真情流露，並非虛偽，
> 因此不應該批評（同意/反駁理據）。例如一個中年人患了癌症，仍
> 有年邁的父母要供養，因此決定欺騙父母自己的身體依然健康。外
> 人看來或許認為中年人欺騙父母是矯情，但他只是發自內心地不想
> 年老的父母擔心自己，是孝的表現的一種（尚有餘力的考生可以加
> 入例子）。

同學可以看出上品答案和下品答案的分別嗎？大家可以看到上品的
回答中，一開始就明確表達立場，然後會撮要作者的看法。這個步

驟尤其重要，因為同學要記得你現在做的是閱讀卷，而不是作文卷，因此要有「文本至上」的意識，令考官覺得你真的有理解過文章，並用自己的文字表達出來。

做完這兩個步驟，同學才應該開始表達自己的原因和理據。如果同學行有餘力，做完全份卷後還有時間剩下，而且題目值5到6分，便可以考慮加入額外的例子，讓答案更加飽滿。

比較兩者題的思維也相似，只是多了釐定準則的步驟及比較意識，同學可以先看看以下下品例子：

題目例子：你認為人物A向君主死諫，還是人物B刺殺的行為較符合儒家的「義」的思想？

下品回答範例：我認為人物A的行事更加合乎儒家的「義」的思想。人物A是為了證明晏子的清白才向齊王死諫，希望齊王可以挽留賢才，除了報答晏子對自己的恩情，更加是為了齊國整體的安危著想，超乎了個人利益。因此我北郭騷的行事是合乎「義」的思想。

下品答案選擇了北郭騷，整個答案都只圍繞著所選選項，而完全沒有提及到聶政的事蹟。你沒有提及過聶政的事蹟，考官便可能會認為你是不理解文章的相關部分，而且缺乏比較意識也會令說服力大大減低。而且既然問題以儒家的「義」作為準則，同學便要去定義這個準

則，否則連一把準確的尺都沒有，又如何進行有效的比較呢？比較題的作答的步驟應該為：（1）選定立場A→（2）釐定有利自己答案的準則→（3）具體表達立場A→（4）A為何合乎準則→（5）連接詞作轉折（例：相反、反之）→（6）B為何不合乎準則→（7）小總結重申立場。
同學可以參考上品答案範例：

題目例子：你認為人物A向君主死諫，還是人物B刺殺的行為較符合儒家的「義」的思想？

上品回答範例：我認為人物A的行事更加合乎儒家的「義」的思想（選定立場A）。儒家的「義」是指以正當的方式去實踐仁心，超乎個人利害得失（釐定有利自己答案的準則）。人物A是為了證明晏子的清白才向齊王死諫，希望齊王可以挽留賢才（具體表達立場A），除了報答晏子對自己的恩情，更加是為了齊國整體的安危著想，超乎了個人利益（A為何合乎準則）；相反（連接詞作轉折），人物B視嚴仲子為知己，於是才為知己刺殺而死。加上人物B至母親死後才願意以身報效，可見人物B行義時比人物A要重視個人利害得失（B為何不合乎準則）。因此，我認為人物A的行事更加合乎儒家超乎個人得失的「義」（小總結重申立場）。

（2）寫作手法題：可助你跟對手拉開一個等級的距離！

一提到寫作手法，同學可能會說：不就是比喻、擬人、排比等嗎？連小學生都會的東西，用得著特意準備嗎？

很多同學會分不清楚寫作手法和修辭手法──修辭手法其實只是寫作手法的其中一種。寫作手法可以多達上百種，主要種類包括記敘手法、抒情手法、描寫手法、論證手法、說理手法、說明手法、結構手法和修辭手法。我在自己的中文精讀筆記有列出每一個種類最常見的手法，而同學如果想製作自己的列表，也可以參考教科書的附錄。相信不少同學也覺得教科書裡有很多廢話，平常不屑細閱，但大部分的教科書附錄部分還是值得參考的，同學千萬不要浪費已經買了的資源。

寫作手法題基本上在每一年的試卷都會出現，雖然每一題的佔分不多，但一份卷中可能會出兩到三道的相關題目。更重要的是，這種題目是能有效區分有下苦功的同學和「打天才波」的同學。若同學你能堅持把上百種的寫作手法背下來，並且清楚明白每一種用法，而你的對手卻只懂得寥寥可數的幾個修辭手法，這個部分便可助你拉開一個等級的距離。

值得留意的是，寫作手法題其實有兩種問法：第一種比較容易是直接問某一個句子或段落用了什麼寫作手法。同學要回答的有：（一）用了什麼手法、（二）哪裡用了這種手法（可以直接抄文本的相關部分）、（三）為什麼用了這種手法（作者想表達的道理或情懷）。很多同學或許會漏了第三部分，雖然題目只是問什麼而沒有問為什麼，但評分準則中有時候沒有解釋原因便會拿不到最上品的分數。

同學可以參考以下例子：

題目例子：第8段在全文的結構上起了什麼作用？試略加說明。

回答範例：承上啟下的作用（用了什麼手法）。第8段起首提及馮道以行動告訴我們當官要正直（哪裡用了這種手法），正是承接了上文馮道為官廉潔的事例（為什麼用了這種手法），而第8段末句則說明馮道有「另外的條件」（哪裡用了這種手法），正是開啟下文講述馮道膽識過人的事例（為什麼用了這種手法）。

而另外一種不明確的問法，題目中可能會出現「為什麼」、「有何目的」、「表達上有何作用」等字眼。這些題目有可能不需要考生回答寫作手法，只是純粹回答根據文本所得出的原因即可，但有時候在評分準則中且看到要回答寫作手法才有分數。同學們不是先知，不能預先猜測考憑據那一年想看到的答案到底是什麼。保險起見，既然同學已經下了苦功背誦寫作手法，遇到這類問題最好在答案中輕

輕帶過手法字眼，而不須要詳述。

（3）段旨／主旨題：令人膽戰心驚的大表格老是常出現！

大家做過歷屆試題都知道，白話文部分總有一個令人膽戰心驚的大表格，要求大家把自然段分成結構段，並解出段旨；要不然就是最後一定有一道「高階題目」是問文章的主旨。

首先在分結構段方面，大家可以分兩個部分進行思考。比較表面而快速分辨的方法是，如果文中出現時間轉變、地點轉變、事件轉變、思想轉變或過渡句，則較大機會是結構段的分界線。而比較穩妥的做法則是先瞭解每一段自然段所組成的基本要素，分別是：

中心句	最表面或最具有概括性的句子，多為事件
闡述	圍繞中心句的前因後果或無關痛癢的細節，或者是對於人、事、物的詳細刻劃
例子	具體的事件或專有名詞，如人名或地名
延伸句	進一步的情感表達／引申的大道理／人物的核心特質

每一個段旨或主旨，都是透過「中心句」而帶出「延伸句」。延伸句應該是難倒大部分考生的部分，因為很多時候延伸句並不會直接告訴考生最深層的情感（記敘抒情文）、引申的大道理（論說文）或人物的核心特質（描寫文），而是要靠同學自己去解碼，也是考驗同學語文能力的時候。

很老實說，如果同學的中文底子太差，就算學會了答題的公式化結構，如果無法辨認每個自然段的中心句和延伸句，也一樣會分錯段及無法命中答案。我在這本書有限的篇幅裡，只能告訴大家做段旨或主旨題時答案應有的元素和注意事項。寫段旨或主旨時，大多數情況都是這樣的結構：

透過「中心句」，	抒發「心情詞」之情（記敘抒情文）
	說明/ 帶出「道理」（論說文）
	描寫/ 刻劃「人或物的特質」（描寫文）

在概括中心句時，同學可以參考一下的常用表達重點詞語：

中心句內容關於	常用表達詞語
定義	定義/ 名稱/ 是什麼/ 特性
分類	類別/ 種類
用途	作用/ 用處
結構	組成/ 形成/ 結構
關係	關係/ 條件/ 要求/ 需要
原因/ 動機	原因/ 原則/ 原理/ 源頭/ 背景/ 目的/ 目標/ 重要性
過程	遭遇/ 經過/ 經歷/ 過程/ 變化/ 方向/ 轉變
問題	問題/ 挑戰/ 理據
結果	後果/ 影響/ 反應/ 結論/ 建議/ 預測
展望	方法/ 處理/ 措施

注意答案不能太空泛，必須在常用表達詞語前再加上對應的描述，
同學可以看看以下兩個答案的區別：

較空泛	較具體
透過作者以前的經歷來抒發感概。	透過作者以前**還鄉**的經歷，**憶述童年平橋的片段**，以抒發自己的感概之情。

論說文所帶出的哲理由於每一篇都不一樣，難以在這裡一概而論。
但是若果是記敘抒情文，同學不妨可以記一下以下的常見情感：

正面	負面	
歡樂	悲傷	無奈
喜悅	悲慟	煩惱
感動	傷感	煩躁
感激	怨憤	失落
崇拜	憎恨	無情
憐憫	厭惡	不安
同情	不滿	害怕
關懷	悵惘	

（4）刪文題：訓練回答其他長題目的思維

經過上述熱門題型的例子，相信同學應該會意識到評卷員想看到的
答案元素：（一）如問及個人意見，第一句便已清晰表達立場，評卷
員不用辛苦猜測同學的心思；（二）答案要以文本為依歸，要引用部

分原文或撮要作者想法，令評卷員感覺到同學是真正理解文章後才作答，並非毫無依據；（三）若題目要求同學作出選擇，要有比較意識，沒有選擇的那一邊也必須要解釋。現在就以較少出現的刪文題為例，大家可以用上述三大答案元素，看看為何以下答案會獲得下品分數：

題目例子：作者多次在文中列舉人物A勸諫君主的事蹟，抒發對其欣賞之情。但第X段卻記述人物A勸諫失敗的例子。有人認為這段與貫穿全文的正面情感衝突，故應該刪去第X段，你同意嗎？

下品回答範例：第X段雖然講述人物A勸諫失敗，但其實是在讚揚人物A並不會因為怕死而放棄進諫，而這一段是更加立體地刻劃了人物A正面的人物性格，和貫穿全文的正面情感沒有構成衝突，因此我不同意。

首先，題目問及考生個人意見，但下品答案並沒有在第一句就明確指出「應該刪去」還是「不應刪去」，要評卷員自己閱畢答案才能得知考生立場。其次，下品答案沒有以文本為依歸，沒有撮要第X段的內容，也沒有概括說明全文文意到底是什麼。沒有撮要這些內容，自然難以有效對比「第X段文意」和「全文文意」是否有矛盾，比較意識薄弱。答案亦未有說明如果刪去了第X段會有何後果，無法彰顯第X段的重要性，以說服評卷員為什麼應該保留這一段。

根據三大上品答案的元素，比較好的作答步驟是：（1）表明立場：我認為不應刪去 →（2）簡述第X段段旨（用1-2句撮要）＋在內容上的目的 →（3）[視情況加入]第X段在結構上的重要性 →（4）整體文意 →（5）指出並說明為什麼第X段的目的跟全文的目的不同，因此沒有矛盾 →（6）反面論述刪除第X段的負面影響 →（7）重申立場。同學可以留意，這類題目大部分情況下應該答「不應刪去」，因為既然考評局能挑選文章作為考試用途，證明文章有一定水準，其作者也一定不會寫一些「可刪去的廢話」。而步驟（3）的結構作用則要視乎情況而加入，例如如果第X段是中間段落，作用多半為承上啟下，那麼同學也可以輕輕帶過。

題目例子：作者多次在文中列舉人物Ａ勸諫君主的事蹟，抒發對其欣賞之情。但第Ｘ段卻記述人物Ａ勸諫失敗的例子。有人認為這段與貫穿全文的正面情感衝突，故應該刪去第Ｘ段，你同意嗎？

上品回答範例：我認為不應刪去（立場）。第Ｘ段主要說明人物Ａ勸諫失敗而死，目的在於說明人物Ａ是一個有堅持的人，並不會因為怕死而放棄進諫（簡述段旨及寫作目的）。而全文的文意則是以人物Ａ進諫成功的事例，表揚他是一個盡忠職守及富有謀略的人（全文內容及文意）。第Ｘ段的目的與全文的目的並不在同一範圍內，前者突出他不怕事，後者突出其責任心及謀略，兩者並沒有矛盾（指出並說明為什麼第Ｘ段的目的跟全文的目的不同，因此沒有矛盾）。刪掉第Ｘ段反而會減少了全文突出人物Ａ性格的另一面的機會，令人物塑造失去立體感（反面論述），因此我不同意刪去第Ｘ段的說法（重申立場）。

由此可見，即使是比較少出現、甚至是從未見過的新題型，其實考評局出卷思維基本上不變，所謂的新題型也只不過是換湯不換藥。同學可以將刪文題的建議作答步驟跟之前的評論／比較題作比較，基本上可以發現作答流程、思維方式及重要元素是同出一轍的。同學在試場上遇到不懂得作答的長題目，不必馬上感到慌張，可以先靜下心來逐步在腦海中建構作答步驟才下筆，並檢查是否已經涵蓋了三大上品答案的元素。

1.2

寫作卷

1.2.1 | 文體選擇

同學經常會問我，到底應該做記敘抒情文還是論說文比較容易取得高分？是否集中操練一種文體就可以呢？

首先，我是絕對不會建議同學把所有雞蛋放在同一個籃子裡。寫作卷雖然看似有三道題目可選，可是一般是記敘抒情文、論說文和情境/圖片題各出一道題目。在你應考那年，萬一同學擅長寫的文體所對應的題目異常困難，比如說抒情文很難想到一個合理的故事，又或是自己腦海中的論據庫難以應用到論說文上，難道你就坐在考場中手足無措嗎？因此我不會給自己任何的藉口，只操練其中一種文體。

其次，我也明白同學總有比較擅長的領域，中文底子好的同學固然想繼續在抒情文中展示自己的文筆，而理科同學則可能比較喜歡作論說文。

投資在論說文的性價比會更高

我個人的建議是，即使是文筆好的同學，投資在論說文的性價比會更高，也可以保障分數的穩定性。無論你平常文筆多好，情節寫得如何曲折離奇、富有娛樂性，在文憑試中寫抒情文還是有很大的離題風險。

相反，寫論說文有一套公式化方式，能夠用理科的方式堆砌出一篇高分文章。論說文的付出和回報也比較成正比，只要你肯下苦功背誦例子和名人名言，分數不會差到哪裡去。至於是記敘抒情文方面，雖然我的精讀筆記裡也收錄了不少常用情節和減少一題風險的方法，但就算同學不離題，要提升文筆還是要透過大量的閱讀和寫作練習，並非一朝一夕就能進步的。

依戰略性的角度看，同學把較多的時間和精力放在準備論說文上會比較明智，畢竟文憑試並非只顧一份卷，也非只是應付中文科。

1.2.2 論說文

說到準備論說文，同學一定會想到要背誦大量的例子。那麼要背誦多少個例子才足夠呢？

人所皆知，例子當然越多越好，能避免「例子到用時方恨少」的情況，因此永遠不會有「足夠」一說。但礙於文憑試準備時間有限，無止境地背誦例子實屬天方夜譚。因此，例子貴精不貴多，同學可以先確保自己把高質素的「百搭」例子背得滾瓜爛熟，達到應用自如的水平；然後運用剩下的時間，每天背誦一個額外的例子，包括近期時事例子，順道溫習通識科。「中國傳統例子：外國或現代例子」約為6：4，因為評卷員大多為中文老師，以前大多曾經修讀中化或中史科目，能舉出中國傳統例子會比較加分。

編纂例子的注意事項

另一個同學經常問的問題，就是可否編纂例子。我聽說過坊間有的導師提倡無中生有的做法，例如是「根據著名古希臘物理學家阿斯里德爾在其晚午著作所言，（無中生有），可見（論點）。」我並非完全否定這種做法，只是非山窮水盡時不建議使用，而且應該避免編撰

中化類例子，因為容易被多為中文老師的評卷員察覺。由於編撰的大多為西方或現代例子，雖然評卷員不一定會翻查例子的真確性，但說服力會大大減低，且不能顯現出古今中外例子的多樣性。

話雖如此，同學還是可以編纂考官無從考究的細節，使例子更扣題。例如同學想展現勤奮的特質，可以說某歷史人物因醉心研究學問而連續三天不眠不休，評卷員無從考究他是否真的這麼多天沒有睡眠。

如何寫出高質素的「百搭」例子？

那麼何謂高質素的「百搭」例子呢？我建議同學應以人物為中心記憶多個事例，比記憶多個人物的不同事例更為有效率。一個著名歷史人物的少年、中年及晚年，已經至少有三個正面特質，而人天生特別擅長記憶故事，具有「連續性」的人物更容易記憶，如果能由一個人物延伸至下一個人物則更佳。

而更加好的例子，則是一個事例能夠體現多個特質，同學便可以運用自己能力拓展，以滿足更多題目的要求。這些人物要具有知名度，但不能過於泛濫。例如蘋果喬布斯，能不用則最好不用；但例子亦不宜過於冷門，例如在報紙上看見的某個不知名小人物。

我認為最好是挑選歷史上的君王（尤其是明君，昏君可作為反面例子）、詩人、變革家和文學家，可順道展示中國文化元素，例如胡適和梁啟超便是一個頗為百搭的例子：

胡適和梁啟超

胡適當年留學歸國時，梁啟超已經名滿天下，胡適十分崇拜這位前輩。梁啟超曾與老師康有為合作進行戊戌變法，雖然事敗後須逃亡到日本，但在海外仍然不遺餘力地推動君主立憲。胡適受到梁啟超的啟發，成為新文化活動的領袖之一，推進了白話文運動，並從思想、政治和文化領域激發起年輕人的救國熱情。胡適其後在五四運動中聲名大噪，但政治觀念卻與梁啟超不同，兩人常因為學術思想上的分歧而爭論，卻無礙兩人私底下結為好友。

只要同學懂得變通和扣題，便可以運用在多道試題上。以胡適和梁啟超為例，可以輕易套在2015、2016和2018的試題中：

2015年第二題：夢想看似不切實際，其實很有意義。	
論點	看似不切實際的夢想能喚起人的良知或對社會的反省。
例 子 及 拓展	梁啟超曾與老師康有為合作進行戊戌變法，事敗後逃亡到日本。有人或許認為他落得如此狼狽的下場，繼續追求推行新文化活動的**夢想**根本就是**不切實際**，即使在海外不遺餘力地推動君主立憲也只不過是**徒勞無功（＝不切實際）**。然而，他的事蹟啟發了胡適推進白話文運動，並從思想、政治和文化領域激發起年輕人的救國熱情。對，推行新文化活動或許**不能直接帶來金錢上的利益（＝不切實際）**，成功的機會也十分**渺茫（＝不切實際）**。然而，正正是這些**看似不切實際**的**理想**，才能**推動社會及文化進步（有意義）**，達至殷海光先生所指的**更高層次的意義**。
2016年第三題：對「傳統往往是創新的包袱」看法。	
論點	傳統的價值觀會阻撓創新的思維和做法。
例 子 及 拓展	中國自秦朝開始便實行君主制，二千多年來即使是改朝換代，政制依然沒有改變，君主制度因而**紮根在中國的傳統觀念**中。這種**傳統觀念**使清末的變革變得異常困難，即使康有為、梁啟超等新文化活動領袖大力推動戊戌變法，仍因為清政府的阻撓而以失敗告終，【就連受盡困苦折磨的百姓一開始都因為**傳統觀念**而不接受**新思想**】

	（括號部分是本身背誦故事裡沒有的，為合理地編撰細節）。直到後來孫中山經歷了十次的起義失敗，才在辛亥革命取得勝利，結束了中國二千多年來君主專制的統治制度。若非因為這些**傳統觀念**，有勇有謀之士的**創新之路**不是會容易多了嗎？

2018年第三題：談知己

論點	年齡和觀點不同的人也可以成為知己。
例子及拓展	胡適當年留學歸國時，梁啟超已經名滿天下，胡適十分崇拜這位**前輩（＝年齡不同）**。胡適受到他的啟發，成為新文化活動的領袖之一。雖然胡適的**政治和學術觀念都與梁啟超不同**，兩人也常因為學術思想上的分歧而爭論，卻無礙兩人私底下**結為知己**，一起為新文化活動奮鬥。由此可見，知己並**不一定要年齡相仿或持有一致的觀點**。

同學可以看到我在三道題目中的實例，全都是用了胡適跟梁啟超的故事，卻會因為論點而改變側重點，抽取故事不同的部分詳加解說。另外，粗體橫線的部分則是不斷重複題目或論點的關鍵詞，或是關鍵詞的同義表達，可以令考官覺得你正在扣題。

1.2.3 記敘抒情文

很多同學都會把選材的重要性的過分誇大，認為故事一定要曲折離奇、完全沒有其他考生寫過才可以突圍而出，取悅評卷員；或者是文筆方面，要寫得像文學作家，運用大量的修辭的手法才能取得高分。我並不是完全否定選材精彩度和文筆的重要性，可是更重要的是「扣題」。

很多同學會離題的原因並非不理解作文題目，而是字數詳略不得宜。我會建議同學寫1600至1800字，要有起承轉合而不會令考官覺得突兀，字數應重點分佈在「轉」和「合」。

至於選材方面，真的不用過於曲折離奇、天馬行空。我固然不是鼓勵同學選擇「爛大街」的題材，例如幾年前可能因為過多學校老師和補習名師吹捧，令「盲人體驗」變成熱門題材。其實其他看似「普通」的題材，例如是義工活動、比賽、表演、職業導向或能力培養工作坊等，只要詳略得宜、昇華飽滿，一樣能寫出一篇符合考試標準的好文章。

起承轉合的寫作方向與字數

「起」的部分，只須根據後來的領悟，寫出與領悟相反的行為，方便之後跟改變了的主人翁作對比，不應佔多於300字。

到「承」則是描寫一件突發的事件，令「你」開始反思自己的行為或態度是否正確。同學於此階段並不會突然恍然大悟，只會有一點猶豫。這件事件既然不能觸發你真正的領悟，便不宜花大量筆墨形容，因此也不宜超過300字。

到了「轉」的部分便是我們的重頭戲，在「承」意外事件再受到進一步的啟發，令你確信之前對自己錯誤的態度或行為的懷疑是真確的。啟發者多數為老師、長輩或擁有正面人生態度的人，又或者可以描述「你」遇到另外一件更加震撼的事情。這裡同學可以用上600字重點描寫自己「如何」受到啟發，例如一個長輩有什麼特定的態度或行為觸發了你的反思。

到最後「合」的部分才領悟到真正的道理，目標較高的同學亦可以順道昇華文章層次，可以延伸至事件以外的例子，甚至是諷刺某些社會現象或社會上普遍流傳的錯誤觀念，令反思更加與眾不同。

中文底子好，最終卻只拿到下品的分數？

很多中文底子好的同學最終在作文卷拿到二級成績，就是因為文章的首600到700字都是在賣弄文筆、渲染背景，這樣其實是本末倒置，花過多的筆墨在「起」上，甚至因時間關係忽略了「承」的部分。到了最後「轉」的部分顯得非常突兀，「你」無緣無故就「恍然大悟」到人生的大道理——評卷員不禁會心想：同學，請問你是佛祖嗎？你坐在那兒靜思冥想就能突然感悟到人生的真諦？同學甚至因為沒有時間就只用200到300字描述自己的領悟，遑論昇華的部分，那麼即使文筆有多好也只能獲得下品的分數。

1.3

綜合卷

我認為綜合卷可以算是準備性價比最高的一份卷，只要掌握正確的方法和技巧，就算中文底子普通的同學也能在短時間內獲得顯著的進步。考生最重要就是分清楚整合跟拓展有什麼分別，知道見解論證有甚麼常見的題型，並且在語境意識願意下苦功，背誦常見格式及「罐頭句」，要在綜合卷取得等級5以上，應該是中文科這麼多份分卷裡面最容易的。

1.3.1 ｜ 整合拓展

不少考生將整合和拓展混為一談，令這個部分雜亂無章，考官難以給分，實際上兩者有很大分別。

「整合」指的是直接能從聆聽及閱讀材料中找到相關部分並搬字過紙，是連等級3的考生都能寫出來的資料；「拓展」則是根據整合的資料作合理的推論，而此部分應該較長，因為其邏輯及詳細程度可以區分考生的等級。

同學可以看看以下例子：

聆聽及閱讀材料（節錄）
東區學校每年投放30萬元聘請專業教練。
東區的金牌數量最多。

下品例子
首先，東區學校投放了大量資金來聘請高質素的教練。東區學校明年投放30萬元聘請專業教練。東區運動員正正因為得到專業指導，在這次的比賽才能取得最多的金牌。

同學看得出來下品例子中哪一部分是拓展？其實全段只有「東區運動員正正因為得到專業指導」的部分是在連結「東區學校每年投放30萬元聘請專業教練」和「東區的金牌數量最多」，下品考生主要只是在「整合」資料，而沒有顯現自己的拓展能力和邏輯思考。

寫出上品例子的邏輯步驟

如果想成為上品考生，同學找出所有整合點後，可以現在腦海中構想點和點之間的邏輯關係，例如起點是「多資源」，而終點是「多牌」，中間的邏輯步驟可以參考以下思考方向：

> 多資源 → 體育器材昂貴 → 有更多金錢資助便可以買更多的體育器材和聘請更好的教練 → 學生訓練時可以使用 → 配合好的教練訓練 → 學生可以獲得應變能力 / 經驗 / 提高心理質素 → 提升表現得好的機會 → 贏得多個比賽 → 多獎牌

上品例子

首先，在資源運用上，東區學校投放了大量資金來聘請高質素的教練。東區學校每年投放30萬元聘請專業教練。運動員本身資質再高也好，如果沒有正確的訓練方向和策略，一切努力只會徒勞無功，事倍功半。當東區願意投放資源聘請專業教練，學生則可以獲得即時指導，教練也可以用專業知識為運動員量身定製最適合他們的訓練計劃，提高運動員的應變能力，更加能夠提升學生的心理質素。這樣一來，東區的運動員在比賽當中表現得優秀的機會將大大提高，例如由於在練習時已經獲得專業教練的即時指正，在真實比賽中犯錯的機會將大大減少，提升勝出機會，相信是東區在這次比賽中獲得最多金牌的一大原因。

1.3.2 見解論證

見解論證題主要有三種，分別是成因題、評論題和建議題。無論是哪種題型，運用論說文中的清晰結構都非常重要的。

比如說每一段必須包含標示語（首先/其次/再者）、範圍詞（在……方面）、中心句、拓展解釋和小總結。很多同學都不知道如何使拓展解釋的部分更飽滿，可以往這些方向想：（1）前因、（2）後果、（3）正反/對比、（4）例子。以成因題為例：

成因題：回答範例

首先（標示語），從家庭方面而言（範圍詞），香城有很多過份溺愛孩子的家長（中心句）。由於（前因）社會風氣的變化及撫養孩子的成本日漸增長，香城有不少獨生子女家庭。只有一個孩子，父母自然特別疼惜，甚至過份溺愛孩子，不僅不教導孩子應有的禮儀，甚至為了幫孩子出頭而不分是非黑白，反過來指責提點孩子的人（後果）。例如（例子）早前有小孩在地鐵車廂內飲食，其他乘客好心提醒，小孩子的父母反而責罵其他乘客，還叫小孩子不用理會，可以繼續進食。家長不以身作則從小教導（前因），孩子自然長大成不懂禮儀的中學生（後果）。由此可見，家長過份溺愛子女是香城中學生不懂禮儀的一大主因（小總結）。

評論題的概念也類似，最重要是結構清晰，讓評卷員覺得你說話條理分明、見解淺白易明。與成因題不同之處在於必須在中心句中先撮要對方觀點，再進行詳細評論和解釋，思路類似於剛剛閱讀卷心得中提到的評論比較題，在這裡就不多加詳述。

至於是建議題，則一定要先指出問題，再提出措施並解釋。同學可以看看直接説建議和有先指出問題的分別：

直接說建議	先指出問題
首先，在個人成長方面，東區應採用具針對性的訓練方法以減輕過度操練的問題。校方可以購入更多健身器材，例如是強化背肌、腹肌等的器械，又或是具數字分析、表現回饋等功能的器材，把每星期的訓練次數由五次減少至三次，奉行「重質不重量」的原則。東區素來擁有頗多資金，可供投放在體育發展上，從聘請教練及獎學金的預算撥出少量釣魚購買新器材應該不成問題，可行性高。	首先，在個人成長方面，東區應採用具針對性的訓練方法以減輕過度操練的問題。**現時，東區學生運動員每天放學後都要接受密集式訓練，除了犧牲與親友共聚的時光，更無暇好好複習學業。有見及此，**校方可以購入更多健身器材，例如是強化背肌、腹肌等的器械，又或是具數字分析、表現回饋等功能的器材，把每星期的訓練次數由五次減少至三次，奉行「重質不重量」的原則。如此一來，運動員可以更有效針對對弱點訓練，而不用作長時間而成效不大的整體訓練，提升操練品質之餘，又可以減少訓練頻率，讓他們可以騰出更多時間兼顧學業。東區素來擁有頗多資金，可供投放在體育發展上，從聘請教練及獎學金的預算撥出少量釣魚購買新器材應該不成問題，可行性高。

很多考生看到建議題便會直接給建議，但其實先説問題可以令成效更加有説服力，突顯實施建議前後的分別。除了要先説問題再提出建議，建議本身也要夠具體。同學要注意「具體」並不代表要長篇大論，而是最好有實際數字、行動或設備，令評卷員不會有虛無縹緲的感覺：

建議虛無飄渺	提出具體行動
校方可購入更多健身器材，更具針對性地進行操練，奉行「重質不重量」的原則，並減少訓練次數。	校方可以購入更多具針對性的健身器材，**例如是**強化背肌、腹肌的器械、具有數字分析功能的儀器等，由**每星期訓練五次**減少到**每星期三次**，奉行「重質不重量」的原則。

1.3.3 語境意識

語境意識聽起來雖然好像很虛，但同學還是有具體的方法可以穩定的奪取高分的。

首先就是要背誦各種問題的格式，其實綜合卷多年來不外乎出三種文體：（1）書信、（2）文章、（3）演講稿。當中要特別留意的是，文章有其他同義詞，包括評論、投稿、專欄、網絡文章，全部跟文章方法去做就可以。

（1）書信

書信方面，因為基本格式而丟失分數就非常不值。同學固然不能錯上款、下款、祝頌語和日期等基本的格式，並且同學可以在進考場前預先背好「罐頭句」，尤其是針對較正式的書信。例如在自薦信中，書信開頭與其說「我很想加入……機構，正好有這個千載難逢的機會，因此就寫這封信」，同學可以改為「本人自小嚮往……正好適逢其會，故來函毛遂自薦」，聽起來是不是正式得多？或者結尾時加一句「隨函附上簡歷表乙紙，敬候察閱。如蒙面見，不勝銘感，懇盼早賜回音」，便可以輕易留下好印象，評卷員覺得同學的確意識到自

己在寫正式書信的身分。同學可以就常見的正式書信類型，例如是自薦信、求職信、投訴信，或正常的上行書信，準備好數套「罐頭句」。這裡必須留意若是下行書信，則不要硬套上行書信「罐頭句」，例如用「愚見、淺見」，直接用「看法」即可。

（2）文章/演講稿

至於是文章或演講稿，文章必須具有標題，而演講稿則要有自我介紹，而兩者同樣不必具有日期。在演講稿中，最容易展現語境意識的地方就是自我介紹，可以直接透露身分和演講目的；而文章則要比較小心，不能直接做自我介紹，例如不能說「我是香城……機構的大使」，而要稍稍改變字眼，變成「身為香城……機構的大使」。

文章或演講稿同樣可以背誦「罐頭句」，例如演講稿開首可以說「大家好！我是……的……。十分榮幸今天能在這裡拋磚引玉，跟大家分享……」，結尾則用「礙於時間所限，今天的分享到此為止。如有未周之處，還望各位體諒。」

同樣道理，請大家留意文章或演講稿的場合和對象。如果是跟學弟妹分享，就要避免使用「以上是學生個人的淺見，若有所何紕漏之處，還望（嘉賓）不吝賜教，不要見笑。」這樣的句子，避免顯得過分謙卑。

1.4

口語巻

很老實説，我認為中文口語是溫習性價比較低的一份卷，因此沒有花太多時間準備。雖説我沒有「特意」為口語卷準備，但我還是會溫習中化知識，例如儒道墨法概念，因為有些口語題目就是以中化概念或中國傳統故事為中心，沒有基本的理解，根本完全討論不了。

背誦中化知識可以同時幫助閱讀、寫作和口語三份卷。比如説閱讀裡面的文言篇章，就算你不能理解整個故事的內容，可是如果你有足夠的中國文化知識，光是看標題跟作者你就大概能猜出文章的主題。又或者是寫作卷，無論是記敘抒情文還是論説文，想取得高分在結尾部分一定要做一個昇華，而這個昇華如果跟中國文化是有關的話便會大大加分。因此，背誦儒道墨法概念並非只是為了口語卷，而是提升整個中文科的成績。而例子方面，我則會將各科背下來的例子融會貫通，例如寫作卷論説文背的例子、通識科的時事例子，在口語卷上也能派上用場。

在討論期間，最重要的則是有回應組員的意識。同學每次發言時，不妨提醒自己要先用一到兩句概括上一位同學的説法，而不要直接講出自己的觀點，這樣便能給考官一個「我有在聆聽別的考生的看法，並且在消化後再提出自己的看法」的感覺。

為了讓自己熟悉這種做法和減少怯場感，我當年會盡力爭取和別人練習的機會，例如在校內和同學在小息、午休時練習，甚至在自修室裡問其他看起來也像應屆考生的陌生人組隊練習。我也因為這樣在自修室認識了一些並肩作戰的戰友，在整個文憑試期間互相扶持。

CHAPTER 2

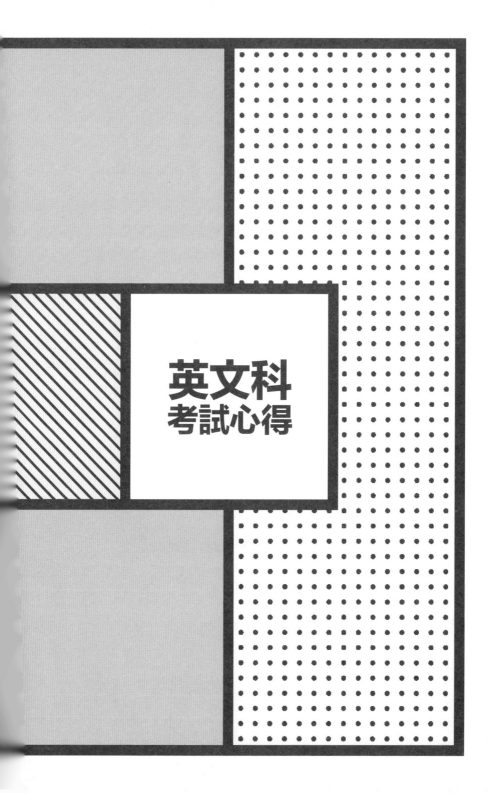

英文科
考試心得

2.1

我的故事：
完全聽不懂
英語課的
三個月

正如我在序言中提過，我並不是從小學一年級就名列前茅。我跟很多同學一樣，一樣試過在考試前夕緊張得輾轉難眠、一樣曾經質疑自己是否天資不足而在考試中屢遭滑鐵盧……

從小到大，我父母從來沒有逼我上任何的興趣班或補習班。我沒有從一、兩歲便開始看英語頻道，放學後也沒有上過功課輔導班，更加沒有排山倒海的課外補充練習須要完成。

記得幼稚園的時候，我算是班上比較愛搗蛋的學生，總是不能好好專心上課，有時候甚至會公然挑戰老師，還被懷疑患有過度活躍症。父母察覺到我大概不適合就讀傳統學校，便找到了一家當年成立了不足五年的活動式教學小學。我當時面試表現不算出眾，還被排進了候補名單，好在後來大概是有別的學生放棄了學額，我才得以順利入讀。

挫敗感油然而生

剛進小學的頭一年是異常痛苦的——我的英文程度完全跟不上學校

的進度。雖然我唸的是中文小學，但英語課多數由外籍老師以全英語教授，首三個月我完全無法理解老師在教什麼。我進小學前唸的是所謂的「街坊幼稚園」，純粹是因為離家近才挑選的，而小學同學們有不少是來自英文幼稚園或國際幼稚園，因此我當時的英語水平在班上可謂是「吊車尾」。

我當時其他科目的成績算是不過不失，但英文科的學習令我的挫敗感油然而生，開始對其他科目都失去學習的興趣。第一學期完結，班主任明確地跟我父母指出我的英語水平有待改進，要是繼續原地踏步，恐怕日後難以追回進度。

下篇會講講我父母的處理方法，以及我是如何走出這個困局。

2.2

如何提升
自己的
英文底子？

承上文：父母見狀雖然感到擔憂，但他們也明白語文能力難以單靠一時催谷而突飛猛進，於是接下來的三年我便開始了循序漸進的英語學習過程。

雖然這些是我年紀較小時所使用的方法，但我相信對於任何想提升英語能力的同學都具有參考價值：

方法1：每周末都到圖書館借英文書，並與正面事件產生聯繫

一開始我挑的基本上都是每頁不超過30個英文字的圖畫書，母親並沒有阻止我看這些所謂「沒有營養」的書，反而讓我隨心挑選。我當年去的是銅鑼灣的中央圖書館，記得裡面有一個兒童玩具室，地下一層則有我喜歡的餐廳。只要當天有時間，母親都會盡量會讓我到玩具室休息一會兒或跟我到餐廳吃茶點。久而久之，閱讀英文書變成了一種習慣，而與其產生聯繫的正面事件，也令我覺得去圖書館並不是一件苦差。

你是給自己設目標，還是設限？

相信很多同學給自己訂下「我每天要花一小時閱讀英文書」的目標，
都會以失敗告終。事實上，刻意建立閱讀課外書的習慣固然是好，
但這不應該成為一種負擔。如果連學校功課都沒有完成，卻硬是強
迫自己放學後馬上騰出一個小時看課外書，不是本末倒置嗎？

另外，亦有不少同學為自己設立不少限制，認為要看文學巨著或艱
澀的外國報章才是真正的「學英文」。我並非否定這些英語學習材料
的價值，能力高的同學挑選這些讀物固然是能更上一層樓。然而對
於英文能力一般的同學，如果硬性規定自己「每天」都要看枯燥無味
的讀物，一旦有一兩天無法達成目標便很容易放棄。與其是這樣，
倒不如挑選自己喜歡的題材，即使是被大眾認為「沒營養」的讀物也
沒關係，就連英語娛樂雜誌亦並無不可。這樣做根本不用硬性規定
閱讀的時間，自己感到無聊時便會自發地接觸英文。

到了後來，閱讀已經成為了一種興趣和習慣，不再受到場所和時間
限制。我開始會到學校圖書館借閱英文書，閱讀時間也不再局限於
周末，而是一有時間就看書，包括學校小息、午休和放學後的休閒
時間。雖然「多看書就能提升語文能力」的說法十分老套，但卻是最
有效的方法。這種習慣能在小學時培養固然是最理想，但到了中學
也為時不晚，畢竟英語是畢生受用的語言，不僅僅是為了考試。由

於小時候我看的書大多數以小說類為主，有關新聞時事等較正式的詞彙量不夠。由於當時我已經培養了閱讀的習慣，並不會懼怕閱讀自己不熟悉的領域的文字。我中四和中五時會利用交通時間、小息和午休等，每天至少閱讀英文報章一個小時。

方法2：盡可能拓展詞匯量，但不會死記硬背

我每天只會要求自己背3個生詞。大家可能覺得每天背3個太少了，這樣不是得堅持一年才能學會1,000個生詞嗎？我一向崇尚重質不重量的原則，寧願透徹理解每個生詞並懂得如何在作文中運用，也不願意背誦一大堆轉頭就忘的生詞。

你會如何查辭典？

每個生詞我都會先查英漢辭典，再看英英辭典。很多同學都喜歡只用英漢辭典，因為中文翻譯較容易理解。但其實不少中文翻譯的意思不夠準確，同學難以從中文解釋中得知較深層的意思或使用的語境。而且多讀英文解釋，也是訓練英文閱讀的一部分。如果連短短一個生詞的英文解釋都不願意看，那麼你又如何指望自己能看更長的英文文章？

再來就是我一定會看例句，特別注意生詞有沒有特定的配搭（collocation）或介詞（preposition）。例如「聲望」的英文"reputation"，中文可能經常會說「這個人的聲望很高」。但在英文中若"reputation"前面跟"high"，在母語者的眼中可能覺得有點奇怪。比較慣常的配搭包括"good reputation"或"excellent reputation"。"Good"和"excellent"和"high"全都是小學生等級的用字，但如何配搭不同字詞使用卻是一門學問，可以反映同學的英文底子。

另外介詞方面，要特別注意某些及物動詞（transitive verb）是不可以跟preposition的。"Discuss about"便是常見的錯誤，其實"discuss"是及物動詞，因此同學應該說"let's discuss the topic"，而不是"let's discuss about the topic"。連這麼基本的生詞，要注意的東西就這麼多，何況是陌生的艱深生詞？

如何將新學的生字應用出來？

除了抄下例句，自己也必須要造句。我自己當年就每一個生詞至少會造2句句子，甚至我嫌這樣還是不夠，有時候會造4到5句，務求令自己印象深刻，並知道如何在自己未來的作文中運用自如。

我並不是說同學要把剛學的詞語硬塞到學校功課裡，而是造句後讓老師檢查是最簡單直接的方法，所以儘量在學校作業中使用新學字詞不失為好方法，我當年甚至會把造好的句子拿給老師看。很多同學擔心學校老師不肯額外批改作文，但其實大多數老師都很好人，如果只是下課後用幾分鐘時間，問問幾個例句的語法是否正確，我相信老師不會每次都拒絕。

如果實在無法問老師，折衷的辦法就是使用線上偵測文法的軟體，或者直接在搜尋器上貼上自己的造句，因為網絡上可能有人分析過相關用法。

方法3：在學校不斷犯錯，只要敢開口講英語就是好事

慶幸當年小學的英語老師非常有耐心，而且就算我的英文口語錯漏百出，甚至一開始只能把幾個單詞勉強拼湊成一句沒有文法可言的句子，老師還是繼續鼓勵我說英文。父母沒有把我送到傳統的英文補習班或功課輔導班，反而讓我到採用互動式教學的英語教室，每個週末只是和老師聊聊天或玩遊戲，並沒有著重文法上的催谷。就算我當時的英文有多不濟，在多重鼓勵而沒有太大壓力的學習環境下，我漸漸敢開口說英文。

到了小學三年級，我終於在學校老師和父母鼓勵之下參加了校際朗誦節。現在看來也許不是什麼了不起的事情，對於當年我學習英語卻是個重要的里程碑。儘管我沒有得獎，我突然發現自己原來可以在眾人面前大聲誦讀英文，而且發音基本上沒有問題。那次以後，我開始不怕和英語老師說話，甚至有時候會主動和他們聊天。

同學也許覺得這是老生常談——這麼簡單的道理誰不懂啊？我就是欠缺講英文的機會，那怎麼辦？我自己也是土生土長的香港人，在家裡基本上說廣東話，回學校跟同學基本上也不會無緣無故說英文。我記得當年我經常對著鏡子自言自語，用英文跟自己總結一天下來發生的事情。在學校遇到外籍老師或在課外活動中看到外國人，當其他同學可能不敢開口，我會嘗試主動跟他們說話。這樣練習下來，到初中時我已經能和外籍英文老師溝通自如，在課堂上用英語匯報也完全不會怯場。

2.3

如何擴大
詞彙量：
背誦同義詞
的要訣

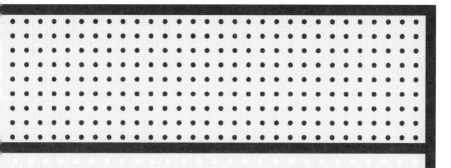

相信不少同學都知道在作文中要儘量避免重複使用簡單的詞語，避免令評卷員覺得考生詞窮，繼而在Language中無法取得高分。然而，不少考生只懂得盲目背誦一組又一組同義詞，在考試中卻無法好好運用。

考生的主要誤區和改善方法為：

（1）未能洞悉同義詞之間的細微分別

在字典中（尤其是英漢詞典），同義詞的解釋非常相似，不會告訴同學一個字在何種語境下使用才是適合。同學在應用字詞時表達意思不精確，容易令評卷員發覺同學原來是在死記硬背。

例如同學若果想說雙語教學現在「很常見」，但不想重複使用"common"這個簡單的詞語。這個時候，同學如果查看坊間參考書或到線上同義詞辭典，應該會得到類似於這樣的結果：prevalent, prevailing, pervasive, rampant, rife, ubiquitous, omnipresent。如果同學硬塞"rampant"或"rife"來代替"Bilingual classes are becoming more common nowadays"中的"common"，句子的意

思便會被扭曲，因為 "rampant" 或 "rife" 解的是負面的常見，準確的中文解釋為「猖獗」。雙語教學明明是正面的，同學卻誤用負面的詞語去形容，固然會顯得十分突兀。因此同學在背誦同義詞時，要花點耐性查字典，至少要知道字詞是正面還是負面。

當然，知道字詞的使用語境只是基本，想更上一層樓的同學應該要瞭解同義詞之間程度的分別。比如使用頻率極高的 "important"，如果想避免說 "very important"，可以用 paramount 或 vital；再進一步到「不可或缺的」，便可以用 indispensable 或 imperative；想強調「關鍵性的」便可以用 crucial 或 critical，當指出某個因素在數個原因中是起決定性作用時可以使用；如果想說某些東西是「基本而重要的」，便可以用 essential、fundamental、primary 或 rudimentary。同學可以靠多琢磨例句中的用法，瞭解某個字詞所強調的意味或情感，而非單單死記硬背一大堆同義詞。

（2）不懂如何把同義詞應用在句子當中，文法因硬要使用較深的同義詞而錯漏百出

很多同學即使知道同義詞的深層含義及程度輕重之分，仍然無法在作文中運用自如，甚至文法錯漏百出。上一個部分也有提到，同學閱讀例句時應特別留意字詞所配搭的介詞（preposition）。如果是動

詞，一定要留意到底是及物(transitive verb)還是不及物(intransitive verb)。例如「改善」的同義詞有：improve, ameliorate, alleviate, mitigate。如果同學想把 "the adverse situation improves" 中的 "improve" 改成其他同義詞，用ameliorate是可以的，因為兩者皆可作不及物動詞使用，即是後面沒有跟受詞（object）也沒有問題；但同學不能說 "the adverse situation alleviates" 或 "the adverse situation mitigates"，因alleviate和mitigate皆為及物動詞，後面一定要有受詞。例如同學可以說 "remedy measures alleviate the adverse situation"，又或者用被動語態（passive voice），作 "the adverse situation is alleviated"，兩句句子均以 "adverse situation" 為受詞。

以上只是冰山一角的例子，很多同學因為急於求成，剛剛背了新的詞彙便急於使用。當然，實踐是十分重要的，我也鼓勵同學即學即用以加深印象，但謹記要在考試前搞懂字詞的用法，避免犯下大量文法錯誤。

（3）背誦方法雜亂無章，未能辨別哪些同義詞組別是最常運用

同學如果花了那麼多心思背誦同義詞、瞭解語境及實際用法，總不會想在十篇文章中才有一篇可以運用吧？因此懂得挑選「性價比高」的詞組便十分重要，可以確保同學的努力不會白白浪費。

同學切忌操之過急，在背誦同義詞前先問問自己：這些詞語我真的會常常用到嗎？如果同學是常常作論說文或 Social Issues 的單元，那麼必定會描述社會現象，便可以優先背誦：常見的、嚴重的、探究、全面地等詞組；這類問題也經常要求同學就特定問題想出解決方案，所以同學可以留意有關解決問題的詞組：放緩、減少、處理、實施、克服等。我會建議同學儘量把相近詞組擺放在一起背，可以較有系統地把不同詞組串連起來，方便聯想和記憶。

另外，同學也可以在每一個詞左下進行更細緻的分類。比如剛剛提到 important 的同義詞，可再細分為「十分重要的」、「不可或缺的」、「關鍵性的」和「基本而重要的」等。又例如是剛剛提及過的「改善」，可再細分為放緩、減少、消除，程度是由輕到重排列。只是稍稍放緩，可以用 mitigate、alleviate 和 ameliorate；抵銷則可以用 offset、neutralize、counterbalance 和 cancel out；抑制可以

用curb、suppress、constrain；最嚴重的根絕和消除，則可以用eradicate或eliminate。如果是初中或中四的同學，有心令自己的英語進步，我強烈建議同學可以就每一組詞組進行這樣的分析和歸類。起初你可能會覺得浪費時間，但到中六考文憑試時，你就會發現自己比起其他盲背同義詞的考生用詞準確得多。

2.4

閱讀卷

到了中五和中六的衝刺時期，無論是英文底子多好的同學，也需要考試技巧來補足。考試除了測試語文底子，還是考驗同學心理質素、做卷策略，以及是否能夠擊中出題者和評卷員的心理。

由於同學只須B1或B2中挑選其中一份作答，因此我建議同學可以先將不做的部分摺起，並放到櫃底，以免佔用桌面空間。

很多同學會先閱讀全篇文章，再開始答題。其實這樣是十分浪費時間，因為會來回反覆看文章，且未知題目情況下看文章多會變得漫無目的。同學可以先注意標題及副標題（如有），然後略讀第1、2段及末段，切忌閱畢全篇文章才開始作答，大致知道文章主題便可。為了快速瞭解文章脈絡，同學亦可快掃每段的首句和末句。這部分不應花多於5分鐘。

同學略讀所有題目一遍後便可開始做卷。由於大部分閱讀卷的題目都是順序，即是若第1題問了第1段的內容，第2題問了第3段的內容，那麼第3題基本上不會回頭去問了第2段的內容。因此，同學可以採取每看1至2題便做1至2題的策略，遇到須閱讀全篇文章才能作答或不確定的問題便圈起。一邊閱讀一邊作答時，記得要圈起所有首次出現的人名、日期和數字，因為這些往往是配對題、主旨題等「閱畢全文才懂得作答」的題型的關鍵，先圈起便可節省之後的時間。

同學一定要圈起所有尚未完成的題目——每年目睹太多同學先跳過部分題目，打算最後才回去作答，但在緊張情況下往往漏掉，白白丟失分數。緊張時平常多小心的人都會犯錯，而圈起一個數字只須花2秒鐘的時間，何樂而不為？

那麼何謂「不確定的問題」呢？根據歷屆試題，每年閱讀卷的滿分約為八十多分，而時限為90分鐘，因此大概是1分鐘要做1分的題目；若果用了超過1.5分鐘仍未能找到答案，同學便可以考慮圈起題目，不要鑽牛角尖。有些同學或須會說：「我明明會做這道題目，只是欠缺時間！」假如一道一分用上同學5分鐘的時間，證明這條題目對你的性價比太低，因為用這5分鐘可能可以在其他相對較容易的題目中拿到4到5分。而面對一些因語文能力不足而無法回答的題目，例如題目問 "what is the meaning of XXX" 或 "find a phrase in the article that means XXX"，而你完全不懂該生詞的意思，即使根據前文後理推斷也毫無頭緒。某些你原本不會做的題目，並不會因為多花時間就使你茅塞頓開。

2.4.2 如何快速從文章中找答案？

同學必須先知道文憑試中答案出現的基本原則，再利用這些原則在原文中鎖定關鍵詞，從而找出答案。

同學首先應該圈出題目的關鍵詞，大多數為名詞、數字、人名或專有名詞。因為考評局出卷時如果想設陷阱，多數會在形容詞或副詞上做手腳，目的並非刁難同學到連關鍵詞都找不到。之後根據「題目大致上是順序出」的原則，在文章中搜尋關鍵詞或關鍵詞的同義表達。這其實是閱讀卷的檢測點，看看同學認識的詞彙量是否足夠，以及是否真的理解文章。

答案多數會出現在關鍵詞的前後1至2句，又以後1至2句更為常見。
同學可以參考以下幾個例子：

Question	Passage	Answer
What was the **plastic bag manufacturers'** view on the levy in **2009**?	⋯ was introduced in Hong Kong in **2009**, **plastic bag manufacturers** frowned upon it and demanded the government to withdraw the levy scheme. They argued **that it is ineffective and pointless** as non-woven bags⋯	Plastic bag levy is ineffective and pointless
True or false: **Advertisements** were everywhere in **2015**	**Advertisements** were ubiquitous **at the time** – you can find them on bus-body, television and radio announcements.	True
Explain how the **Environmental Protection Department promoted the scheme to the general public**.	The **Environmental Protection Department** spared no effort **in promoting the scheme to the general public**. Not only did they **hold district briefings in civic centres and community halls**, but they **also paid educational visits to retailers and wet markets** after⋯	Holding district briefings in civic centres and community halls and paying educational visits to retailers and wet markets.

大家可以看到，我在問題標記橫線的部份大多都是名詞、數字或專有名詞，然後在文章的部份找到相同或相似的字眼，答案就在附近。同學不用想得太複雜，離關鍵詞太遠的多數不是答案。如果前後找了三至四句都依然無法找到答案，便可將它先圈起，無謂花費太多的時間在同一道題目上。

2.4.3 | 短答題型

下一步則是了解不同題型的作答技巧，避免就算能讀懂文章仍無法答出得分字眼的窘境。

考試中會出現的常見短答題型包括：

1. True/ False/ Not Given（邏輯三選一題）
2. Multiple Choice（選擇題）
3. Summary Cloze（填充題）
4. Pronoun（代詞題）
5. Word Meaning（字詞意思題）
6. Matching（配對題）
7. Tone（語氣題）
8. Main Idea/ Purpose（目的/主旨題）

雖然難以在本書逐一詳細分析，但這裡還是想重點講一講「邏輯三選一」題。這種題型每年必出，根據歷屆試題經驗，每篇文章出3至6題不等。雖然一題只佔一分，但在80分的試卷裡可佔多於10分，

可見其重要性。對於英文底子好的同學，這題型是考邏輯多於考英文，因此即使同學英文底子好，但不諳此題型背後的邏輯，一樣有機會無法取得全對分數；對於英文底子差的同學，基本上邏輯夠好，英文底子差也未必會答錯。

不要用自己的常識判斷答案

同學最常見的問題是無法分清楚False和Not Given。False是指statement和文章意思直接衝突，即是兩者不可共存（mutually exclusive）。留意只要任何一個字構成矛盾，已經足以構成False，例如意思相反、數據衝突、程度不相同或時間衝突；Not Given則是文章完全沒有提及，或statement和文章意思可以共存，例如有提及事情而沒有提及原因或結果，或有提及人及物，但描述的事情或時間不同，甚至完全沒有提及數據。請同學請不要用自己的"common sense"，若果文章沒有提及的事情就回答Not Given，哪怕statement聽起來是幼稚園生都會的明顯事實。

另外同學若在statement中看到極端字眼，便要打醒十二分精神，因為即使statement看起來是True，答案其實多半為False或Not Given。常見的極端字眼包括：all, must, always, never, every, each, only, no one, none, any, not any, most, very。

同學可以先試試以下短練習，看看自己會否犯了考生常見誤區：

[6] The toper is found exposed for sale in the markets at Rome as a food for man; and in Paris, that city of gastronomy, the small kinds of shark, when divested of their tantalizing titles, are to be detected as entries in the menu of many of the most distinguished families. For some years, the dog-fish has afforded lucrative employment during the whole of the summer to the fishermen from the Naze to the Cape. It is, however, mostly smoked, and in this way is considered rather a delicacy. It is also dried and split as stock-fish for consumption in the country, as well as for export to Sweden, where it is greatly appreciated. It is likewise elsewhere a common article of food, amid the choice of a variety of other fish, especially in the west of England, and, indeed, is valued by some who are far above the necessity of classing it with their ordinary articles of subsistence. It is used both fresh and salted, but, when eaten fresh, it is skinned before being cooked. Lacipede, who speaks slightingly of its flesh, informs us that, in the north of Europe, the eggs, which are about the size of a small orange, and consist solely of a pale-colored yolk, are in high esteem. If prejudice could be got over, there is no doubt they would form an agreeable as well as a nourishing article of food, as a substitute for other eggs in our domestic economy.

According to paragraphs 6, are the following statements True (T), False (F) or Not Given (NG)?
(5 marks)

Statements	T	F	NG
i) In Paris, only distinguished families consume small kinds of sharks.	○	○	○
ii) From the Naze to the Cape, it is common for sharks to be smoked.	○	○	○
iii) From the Naze to the Cape, sharks dried and split as stock-fish is exported to other countries, but not for domestic consumption.	○	○	○

iv) Swedish like imported sharks dried and split as stock-fish.	○	○	○
v) According to Lacipede, shark eggs only consist a lightly colored yolk and the diameter of shark eggs is about 10cm.	○	○	○

答案為：

i) Not Given

1.	Statement	Passage
i	In **Paris**, **only distinguished families** consume small kinds of sharks.	…and in **Paris**, that city of gastronomy, the small kinds of shark, when divested of their tantalizing titles, are to be detected as entries in the menu of many of the most **distinguished families**.

首先，"only" 為極端字眼，答案多數為 False 或 Not Given。雖然 statement 有提及 "distinguished families"，但沒有提及 "distinguished families" 以外的人有否 "consume small kinds of sharks"。Statement 所表達的意思和文章意思是可以共存的，"distinguished families" 與 "ordinary people" 同時都有吃鯊魚是有可能的，因此答案是 Not Given。同學或須會說，「按道理」鯊魚價格很貴，只有有錢人家才吃得起啊！提醒同學千萬不要用自己的 "common sense"，凡事以文本為準。

ii) True

1.	Statement	Passage
ii	From the Naze to the Cape, it is **common** for sharks to be **smoked**.	It is, however, **mostly smoked**, and in this way is considered rather a delicacy.

我們首先以 "smoked" 作為關鍵詞來定位，找到文中修飾 "smoked" 的字詞為 "mostly"。由於 statement 中的 "common" 和 "mostly" 程度相同／意思相近，亦沒有出現任何極端字眼，因此答案為 True。

iii) False

1.	Statement	Passage
iii	From the Naze to the Cape, sharks are **exported to** other countries, but **not** for **domestic** consumption.	It is also dried and split as stock-fish for consumption **in the country**, **as well as** for **export to** Sweden, where it is greatly appreciated.

留意文章中連接詞 "as well as"，即前後為並列關係，statement 必須滿足 "consumption in the country" 及 "export to Sweden" 才可被歸類為 True。然而 statement 後半句 "not for domestic

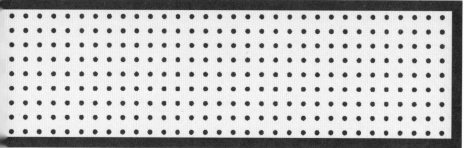

consumption"直接否定"consumption in the country",構成直接衝突,因此答案為False。

iv) True

1.	Statement	Passage
iv	**Swedish like imported** sharks **dried and split as stock-fish**.	It is also **dried and split as stock-fish** for consumption in the country, as well as for **export** to **Sweden**, where it is **greatly appreciated**.

這道題目應該算是比較簡單,只須用相同字眼或同義詞在文章中先定位便能輕易找到答案:"Swedish"對"Sweden"、"dried and split as stock-fish"對"dried and split as stock-fish"、"Imported"對"(other countries) export"。再來就是比較statement和文章所表達的意思和程度是否相近。由於"like"和"greatly appreciated"意思同為「喜歡」,因此答案為True。

v) Not Given

1.	Statement	Passage
v	According to Lacipede, shark eggs only consist a lightly colored yolk **and** the diameter of shark eggs is about 10cm.	Lacipede, who speaks slightingly of its flesh, informs us that, in the north of Europe, **the eggs**, which **are about the size of a small orange,** and consist solely of a pale-colored yolk, are in high esteem.

留意 statement 由兩個部分組成，前半部分為 "only consist a lightly colored yolk"，可以對上文章中的 "consist solely of a pale-colored yolk"；但後半部分為 "the diameter of shark eggs is about 10cm"，而文章提及 "eggs are about size of a small orange"，有些同學想到這裡便可能會回答 True，因為憑 "common sense"，小橙的直徑應該是 10cm 左右。然而，我在這裡要再次提醒同學不要用自己的 common sense。文章沒有指出鯊魚蛋或小橙的實際大小，而但 10cm 和 "small orange" 又沒有明顯衝突，因此答案為 Not Given 而非 True。

2.4.4 | 長答題型

相信不少同學在作答長題目時，心中必定有一個疑問：
答案可以直接抄文章嗎？還是要如寫作卷或綜合卷般轉
換成其他字眼才有分？

其實每年有大概7到8成的題目可以照抄文章字眼，擅自改動字眼反
而可能會因省略關鍵詞而失分。因此最重要的就是如何判斷哪些長
題目可以直抄文章（適用於9成題目）：

可以直接抄的題目類型	重點字眼 / 常見例子
明確指示根據原文	• According to paragraph X • Based on the information in paragraph X • Give X reasons from paragraph X/ the text • From the text/ the article • Using ideas given in paragraph X
明確有要求你「給答案」的字眼	• Name • Find • List • Give • Identify
短答案線	答案線不足全行
要求考生以點列式作答	i) _____ ii) _____ iii) _____

遇到此類題目，同學在9成情況下抄原文也是沒有問題的，而且寫多比寫少好。我當然不是叫同學漫無目地把全段搬字過紙，但基本上鎖定文章中的答案句，便要從句號抄到句號，基本上只要不是大包圍得太過分又包含答案關鍵詞，分數便「袋袋平安」。尤其是當文本答案句包含連接詞，如and, as well as, also, moreover, not only…but also等，就算題目只有1分，同學保險起見還是應該把連接詞後的部分也抄下。

説了可以直接抄的題目，當然也有比較進階的題目。每部分最後的1到2題都是開放式題目，一般每道題目佔2到3分，為等級5、5*和5**分水嶺。由於這類題目「看似」沒有標準答案，能力較高的同學往往在此類題目失分：

不能直接抄的題目類型	重點字眼
明確要求「你」的意見	• Do you agree with X? Why or why not? • Why do you think…?
Discuss/ support your views	• Give reasons to support your views. • Given a reason for your answer. • Discuss which view you agree more with/ you find most convincing/ you find reasonable and why.
明確標明 "in your own words"	• Summarize X in your own words.
建議題	• Suggest what X can do to…

雖說這類題目不能直接搬字過紙，但同學可以採用「大包圍」策略，確保自己的答案確保齊集以下元素：立場、直抄文本至少1到2句、從文本推論的答案、完全靠自己憑空想的合理解釋及小總結。小總結部分一定要拉回題目，不斷抄題目關鍵詞，提醒考官自己沒有離題，情況就如作文一樣。同學可以把這類題目當成極迷你版的作文題目，必須以完整句子作答並避免犯文法錯誤。目標拿等級5或以上的同學的即使不確定答案，也不要影響自己的心理質素，因為你的競爭對手們同樣不確定。

那麼如果不符合上述兩種題型的特徵，介乎於兩者之間又可以如何應對？特別是問「為什麼」（why）和「如何」（how）的題目，部分可以照抄，部分則不能直接從文章找到。為求保險起見，同學不確定時最好抄一定份量的原文，就算是歸類成「不能直抄」的類別，也不要100%用自己文字作答，儘量取文章的用字。大家亦可以參考以下比較列表，適用於大部分情況：

Elements of 6W	可以直接照抄	不一定能直接照抄
Why/ How	• Explain why • Explain how	直接用 why/ how 字眼，前面沒有加 'Explain'
	• 問 why/ how，但同時有根據原文的明確指示 • 問 why/ how，但同時有答案分線	• 沒有上述「必能直抄」元素 • 含有 might/ may/ would/ could 等較不確定的字眼 • Why might…? • Why would some people…? • Why is X described as Y? • Why does [someone] say [something]?
What	表面意思/根據作者 • What does X in line X refer to? • What is the purpose of X? • What opinion • What assumption • What is the significance • In what way • What is the X that the writer mentions? • In the writer's opinion, what is…?	背後/深層意思 • What is the message behind X? • What is the literal meaning of X? • What does it mean when X? • What do X convey about Y? • What does X tell us about? • What does X imply?
Who	Who wrote the text	Who do you think…?
Which	• Illustrate which point • Which word in paragraph X mean X • Which is the reason of X	Which do you think…?

2.5

寫作卷

2.5.1 選題策略

相信英文寫作卷應該是不少同學最害怕的一份分卷，因為感覺最考英文底子，語文能力較差的同學來到寫作卷也不能輕易蒙混過關。

無論是底子好還是底子差的同學，我都極度建議同學挑選論説文，原因跟中文科類似——同學可以相對輕易用公式化的方式產生考試高分文章。

對於底子差的同學，基本上開頭和結尾只要肯背框架，並多練習幾次以確保能靈活運用，便可輕易留下良好的第一和最後印象，中間的部分只要條理清晰，就算用字簡單、句子結構基本，最終保等級 4 其實不難。

至於是底子好的同學，公式化的方式方便同學不斷操練相同的技巧，在考試中可以發揮得淋漓盡致，且可以穩定地獲得高分，不用擔心臨場失手的問題。若果同學仍然未被説服，那可以讓數字來説話：

	2019	2018	2017	2016	2015	2014	2013	2012	AVERAGE
Debating	55.5%	62.0%	51.1%	53.8%	58.8%	47.7%	53.9%	58.5%	55.1%
Social Issues	57.5%	52.3%	48.0%	44.5%	52.5%	49.4%	49.7%	59.1%	51.6%
Popular Culture	50.3%	55.7%	46.2%	31.4%	53.5%	45.0%	49.4%	62.6%	49.3%
Workplace Communication	52.1%	47.1%	48.0%	51.7%	42.8%	42.9%	52.6%	48.8%	48.2%
Poems and Songs	56.2%	24.1%	50.5%	51.7%	37.3%	38.2%	49.1%	38.8%	43.2%
Sports Communication	43.8%	49.3%	48.0%	46.4%	41.3%	41.3%	28.8%	46.0%	43.1%
Drama	48.9%	43.1%	45.5%	46.4%	42.3%	30.8%	35.8%	45.6%	42.3%
Short Stories	39.8%	43.9%	43.7%	40.7%	35.7%	40.5%	46.4%	42.6%	41.7%

根據2012到2019年的數據，平均分最高的單元為Debating、Social Issues和Popular Culture，最低的則為Drama和Short Stories。有些同學或須會擔心，這幾個單元不會很多考生選擇嗎？競爭這麼大，要獲取高分會否特別難突圍而出？同學大可以放心，題目的熱門程度和平均分數基本上關係不大，可以看以下圖表：

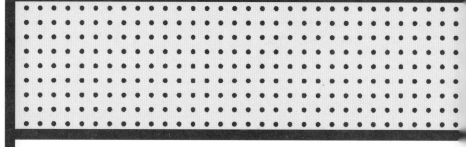

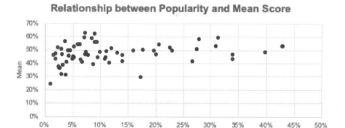

再看看2019、2018、2017及2016的數據：

2019

	Mean	Popularity
Social Issues	57.5%	28.0%
Popular Culture	50.3%	27.5%
Short Stories	39.8%	11.6%
Sports Communication	43.8%	9.5%
Debating	55.5%	9.4%
Workplace Communication	52.1%	5.3%
Drama	48.9%	4.3%
Poems and Songs	56.2%	3.7%

2018

	Mean	Popularity
Social Issues	52.3%	43.0%
Sports Communication	49.3%	23.0%
Short Stories	43.9%	11.0%
Debating	62.0%	9.0%
Popular Culture	55.7%	9.0%
Workplace Communication	47.1%	2.0%
Drama	43.1%	2.0%
Poems and Songs	24.1%	1.0%

2017

	Mean	Popularity
Social Issues	48.0%	39.9%
Popular Culture	46.2%	20.1%
Debating	51.1%	12.0%
Workplace Communication	48.0%	10.0%
Sports Communication	48.0%	7.4%
Short Stories	43.7%	5.3%
Poems and Songs	50.5%	3.1%
Drama	45.5%	1.6%

2016

	Mean	Popularity
Poems and Songs	46.4%	34.1%
Workplace Communication	51.7%	22.6%
Debating	53.8%	20.6%
Short Stories	46.4%	7.3%
Social Issues	44.5%	5.2%
Drama	40.7%	4.0%
Sports Communication	31.4%	3.1%
Popular Culture	51.7%	2.4%

比如説2019年有高達兩成八的考生分別選作Social Issues和Popular Culture，但Social Issues的平均分仍然高達57.5%；即使Popular Culture的平均分只有50.3%，仍然不算是表現最差的單元。

再看看2018年，Social Issues仍然是最受歡迎的單元，有多達四成三的考生選答。當年的平均分雖然只有52.3%，但仍屬於中上水平。看看當年Drama和Poems and Songs，雖然分別只有2%和1%的考生作答，但平均分只有43%和慘不忍睹的24%。2017和2016也有類似情況，多考生選擇的題目，平均分不一定低；而一些相對冷門的題目，如果是對英文底子或文筆要求比較高，平均分依然可以不堪入目。因此，歷史數據告訴我們，「多考生選擇某單元就難高分」的傳言是不成立的。

哪三個單元的考生能獲得較高的平均分？

Social Issues、Debating和Popular Culture這三個單元的考生能獲得較高的平均分，主要原因是這些單元多數要求考生寫議論文或説明文。像Short Stories的單元，經常要求同學在短短幾百字內寫出高潮迭起的故事，就算同學的文筆有多好，故事有多麼精彩，仍然有離題的風險，而且對文筆的要求較高。如果是Poems and Songs的單元，有時候甚至要求同學分析詩句，如果同學欠缺英國文學底

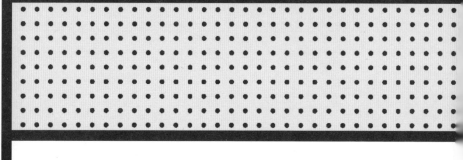

子，難以在這類題目獲得高分。

而論説文則可以用理科的公式化方式「砌」出一篇又一篇的考試高分文章。底子差的同學，至少可以背誦開首和結尾的模板，中間內容的部分就算用字淺白，只要條理分明、解説清晰，要穩奪等級4並非難事；而底子好的同學就更加不想在英文科失手，論説文經常要求同學作的文體都是較正式的，例如Letter to the Editor和Article，方便同學使用較深的詞彙或較複雜的句子結構，而在非正式文體中使用則會顯得格格不入。

2.5.2 | 開首和結尾

當然，所謂的開首和結尾模板並不是叫同學死記硬背。
我會建議同學背好六大開首必備元素。

六大開首必備元素是指：

1	**T**opic (Keyword)	Paraphrase題目主題關鍵詞，目的是明確告訴評卷員「我在扣題」
2	**A**im	寫作目的（可以標明文體）
3	**I**dentity	明示/暗示自己身分
4	**P**unctuation	特殊標點符號（；/——/！）
5	**O**utline	Paraphrase題目要求（Part A） 或抽取每一內容段的主題句 paraphrase（Part B）
6	**?**(Question)	除非是極度 formal 的文體（如 Report 或 Proposal），否則建議加入問句以加強互動性

這六個元素很好記，基本上抽出每個元素的第一個英文字母，便可以得出「TAIPO？」（大埔？）的口訣。同學如果怕忘記，可以一進試場就在考卷的空白位置背默口訣，然後把它當成任務列表，把全部6項元素塞進第一段便可以。這種「堆元素」的方法比傳統的死記硬背整個模板要好，因為6個元素並沒有特定的次序，不會顯得跟

別的考生一模一樣，但整個開首部分又能顯得十分飽滿。大家可以看看以下例子：

2015 DSE Writing Part A題目大意：最近有報章指出學生早上8時開始上課，使他們感到疲倦。題目要求考生撰寫「給主編的信」，說明學生上學感到疲倦的原因，並表達對於把上學時間延遲一小時的看法。

Sample Introduction: Have you ever seen students with weary faces on the streets in the morning**?** [Question] Given that **school starts at 8:00 am** [Topic Keyword], it is an omnipresent phenomenon that **students wake up very early in the morning** [Topic Keyword] – probably 6:00 am or 6:30 am – [Punctuation] which makes them **feel exhausted** [Topic Keyword]. As a **Secondary Six student of Hong Kong College** [Identity], I am writing this **letter** to [Aim] elaborate on the **reasons why students feel fatigued** and to **justify why a 9:00 am start will not solve the problem**. [Outline: paraphrasing the requirements of the question]

Writing Part B題目大意：考生角色為某學生組織的主席，被邀請出席有關香港未來的研討會。題目要求考生撰寫演講辭，就香港青年未來會如何影響社會發表看法。

Sample Introduction: Good morning ladies and gentlemen. As you may all know, Hong Kong is hailed as one of the most competitive cities in the world - Have you ever imagined what will happen to Hong Kong in the future? [Question] As the **Chairperson of the Hong Kong Youth Association** [Identity], it's an honor here today to **give a speech** [Aim] about **how adolescents nowadays will influence the future of Hong Kong** [Topic Keyword]. These days, **teenagers lack creativity, critical thinking, altruism and resilience, which put the future of Hong Kong in peril** [Outline: paraphrasing topic sentence of each content paragraph].

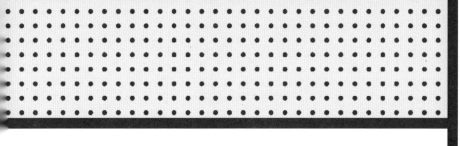

而結尾則更加簡單，只要有三部曲便可：重申立場（如果是説明文，則概括説明題目主題即可）、再次 paraphrase 每一內容段的主題句（如 outline 的做法）和表示展望。要表示展望，是因為評卷員大多喜歡在結尾看到正面、有希望的説辭，可以留下好的最後印象。加上不少議論文圍繞的都是社會問題，因此應該要有「明天會更好」的感覺。同樣，結尾部份不用太死板地按三部曲的次序，只要能涵蓋這 3 個元素就可以了：

2015 DSE Writing Part A 題目大意：最近有報章指出學生早上 8 時開始上課，使他們感到疲倦。題目要求考生撰寫「給主編的信」，説明學生上學感到疲倦的原因，並表達對於把上學時間延遲一小時的看法。

Sample Conclusion: It is deplorable that students feel exhausted when they go to school early in the morning. **Given that the root problems leading to this phenomenon are academic pressure and little self restraint** [Summary], **a 9:00 am start will not solve the problem** [Restate stance]. **It is hoped that** students can establish good time management skills and realize the importance of sleeping – so that we will no longer see weary faces in the morning! [Hope]

Writing Part B題目大意：考生角色為某學生組織的主席，被邀請出席有關香港未來的研討會。題目要求考生撰寫演講辭，就香港青年未來會如何影響社會發表看法。

Sample Conclusion: **Seeing today's teenagers who are uncreative, easily affected by others, selfish and fragile** [Summary], **it is regrettable to predict that Hong Kong may lose its competitive edge and more social problems will arise** [Restate Stance]. **It is hoped that** [Hope] teenagers can make every endeavor to broaden their horizons and engage themselves in various extracurricular activities to hone their critical thinking skills as well as problem-solving skills. Late is better than nothing. I'm grateful for the opportunity to give a speech here today and I hold a strong believe that if teenagers are willing make efforts, they will be capable of creating better society in the future. Thank you.

每段基本結構

原來一些連小學生都知道的寫作基本概念，很多中六的同學卻沒法做到。

在說任何建構論點的技巧之前，必須先提醒同學每一段的結構。「每段的第一句應為中心句」、「承上啟下」、「每段有個小總結」應該是連小學生都知道的基本概念，很多中六的同學卻沒法做到，導致文章結構混亂、論點模糊不清，連最容易奪取的 Organization 分也白白送走。

段落元素	例子
承上句（首內容段除外，但可以使用概括性句子代替）	On top of hoping that their children＇s English level can be enhanced, ...
主 題 句（Topic Sentence）	...never should we overlook at the reason that children＇s potential can be better unleashed if they study abroad.
內容拓展	Under the exam-oriented education system in Hong Kong, which most parents experienced when they were young, students and teachers attach inordinate importance to academic results. In Hong Kong, in an attempt to gain recognition from teachers and peers, students strive to attain outstanding academic results where they prefer to be spoon-fed with learning materials offered by flashy star tutors. Regurgitating facts and catering answers specifically to the marking schemes are ubiquitous among local students, which hamper their critical and independent thinking. On a contrary, the learning style is more liberal and less cramming in Western countries. They tend to encourage students to think out of the box and flex their creative muscles, where they seldom copy from model answers or sample essays. For example, students may be required to conduct an experiment step by step according to some strict guidelines in Hong Kong, but in Western countries, students are required to design an experiment on their own.
結 尾 句（paraphrase中心句）	Given that parents do not wish to see their children transforming into ＇exam machines＇, they send children to study abroad so that their critical and independent thinking skills can be extensively honed.

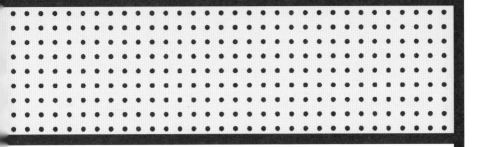

我會事先背好一些可以把中心句和結尾句包裝得更「華麗」的句子，
例如：

中心句	小總結
Of all the reasons why ..., none are as significant as the fact that + SVO.（首內容段使用）	With this in mind, SVO.
Apart from ... , another justification deserving our attention is that + SVO.	Under this line of thinking, SVO.
Other than ..., it is equally important to take a glance at the fact that + SVO.	Judging from this, it is patently obvious that SVO.
On top of ..., never should we turn a blind eye to the fact that + SVO.	It makes little sense to uphold the claim that SVO.

當然還有很多其他的變化，我這裡只是略舉一些例子。背誦這些修
飾中心句和小總結的短句的好處主要有三個：第一，我可以在這些
提前背好的短句中加入較華麗的生詞或短語，甚至是較進階的句子
元素，例如是倒裝句（inversion）。同學臨場使用複雜的句子結構可
能會犯文法錯誤，有可能怕誤用剛學會的高級生詞，而這些預先查
好跟背好的則沒有這個問題，也不會顯得過分突兀。

第二，大家應該可以留意到我這些修飾用的短句，後面配搭的都是
"SVO"，即時最基本的"subject + verb + object"，因為前面多數
接了"that"。剛剛第一點也說過，同學臨場未必能靈活運用複雜的
句子結構，底子差的同學更無法輕易使用模版，因此把後面要每次
根據內容而更改的部份，我都令它可以透過最基本的SVO句子結構
來表達。

第三，可以輕鬆在Organization中取得高分數。只要每段開首先做
「承上」的動作，例如"Apart from"，"Other than"和"On top of"，
才寫中心句，每段結尾再加一個小總結，便已經能輕鬆做到承上啟
下，令評卷員覺得文章條理分明、過渡自然。

2.5.4 如何拓展論點？

不少同學在寫論説文的最大困難並不在於建構論點，而是想出論點後不知道如何拓展成飽滿的段落。

這裡我為同學提供另一個我認為十分好用的口訣：RICE（R-Reason；I-Impact；C-Comparison；E-Example）——只要就上一句推論前因或後果（Reason 或 Impact）、作出對比或説明相反情況（Comparison）以及舉例子（Example）。

聽起來很簡單吧？一起看看上面內容拓展部份的分析：

段落中心思想	Children's potential can be better unleashed if they study abroad.	
口訣元素	思考過程	轉化成句子
Comparison	表達的論點包含 "better"，即是在比較兩種情況。那麼我們可以先想想 "studying in Hong Kong" 比起 "studying abroad" 有何壞處。率先可能會想到家長和老師過分注重學業成績，令學生壓力很大。	In Hong Kong, students and teachers attach inordinate importance to academic results.

Reason	為什麼家長和老師會過分注重學業成績呢？因為香港採用的是考試導向的教育制度，而家長和老師自己都經歷過。	Hong Kong has been adopting an exam-oriented education system, which most parents and teachers had experience when they were young.
Impact	考試導向的教育制度會導致什麼結果？學生就會追求填鴨式的學習，希望短時間內學會考試技巧。到連鎖補習社已經是常態，不少學生只懂得死記硬背。	Students strive to attain outstanding academic results, where they prefer to be spoon-fed with learning materials offered by flashy star tutors. Regurgitating facts and catering answers specifically to the marking schemes are ubiquitous among local students.
Impact	再多推一步，學生如果長期依賴補習，只懂得死記硬背，長大後會怎樣？當然就是失去個人的思考能力啊！	Hamper their critical and independent thinking.
Reason	既然壞處這麼多，又是什麼驅使學生在所不惜，都想在這個教育制度取得成功？無非就是希望取得家長和老師的認同。	Gain recognition from teachers and peers.
Comparison	之後可以用在外國唸書作對比。	On a contrary, the learning style is more liberal and less cramming in Western countries.

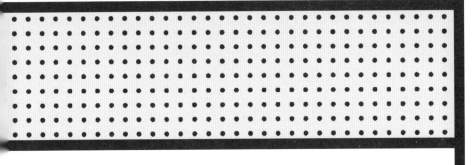

Example	舉例子以增強説服力。英文作文的例子不用像中文科般記大量名人事蹟，設例也完全沒有問題，解釋清晰便可。	For example, students may be required to conduct an experiment step by step according to some strict guidelines in Hong Kong, but in Western countries, students are required to design an experiment on their own.

把剛剛「轉化成句子」的部分稍作修改和連接，我們便可得出大概160字的拓展：

Under the exam-oriented education system in Hong Kong, which most parents had experienced when they were young, students and teachers attach inordinate importance to academic results. In Hong Kong, in an attempt to gain recognition from teachers and peers, students strive to attain outstanding academic results, where they prefer to be spoon-fed with learning materials offered by flashy star tutors. Regurgitating facts and catering answers specifically to the marking schemes are ubiquitous among local students, which hamper their critical and independent thinking. On a contrary, the learning style is more liberal and less cramming in Western countries. They tend to encourage students to think out of the box and flex their creative muscles, where they seldom copy from model answers or sample essays. For example, students may be required to conduct an experiment step by step according to some strict guidelines in Hong Kong, but in Western countries, students are required to design an experiment on their own.

加上主題句及小總結，一段要寫200字以上並非難事，而這個拓展程度已經能符合文憑試的要求。當然，同學如果能力較高或想拓展部份更加飽滿，可以繼續用RICE的口訣前後推論。雖然Part A和Part B的建議字數分別為200和400字，但同學基本上可以不用理會字數建議，歷屆取得等級5或以上的同學都至少比建議字數多寫了一倍。我並不是叫同學要強行加入極多廢話來充撐字數，而是要做到飽滿的拓展，每段少於200字根本不可行。

以Part B為例，如果寫三個論點，每段內容段寫200字，加上開首和結尾段，基本上已經能達到800字，更不要説一些要求較高的同學會多加一段駁論。我自己當年的Part B就寫了1200字，在滿分42分中取得41分的成績，因此只要不是刻意拖長文章，遠超建議字數也是沒有問題的。

2.6

聆聽及綜合卷

2.6.1 聆聽能力

老實説，英文的聆聽卷應該是我準備最少的一份卷，基本上靠底子已經可以輕鬆過關。

這大概可以歸功於我由初中開始，間中會迫自己聆聽英文新聞報道，娛樂時又會看英美劇，加上學校除了英文外的科目有的是由外籍老師教授，因此到了高中，聆聽英文已經成了家常便飯。文憑試聆聽錄音帶無論是速度還是詞彙都比我平時聆聽的材料簡單得多，因此如果正在看此書的你並非應屆考生，建議大家可以培養看英美劇的習慣。學好英文的好處不單單是為了文憑試，而是以後無論是上大學還是工作，好的英文能力都會使你受益一生。

答案的關鍵詞往往會重複出現

當然，如果同學英文底子較差，還是可以靠錄音中的蛛絲馬跡提高答題命中率。比如説考評局其實大多數情況都會「放水」，答案的關鍵詞往往會重複，例如：

Question	
What time will the basketball game start at?	
Tape-script	
Person A:	When is the **game going to start**?
Person B:	**Well**, let me have a look⋯ it's going to **start at 8**.
Person A:	Let me mark it down then. The game **will begin at 8**⋯
Person B:	Oh, and remember⋯

首先，同學聽到 "game going to start"，就應該知道這道題目的答案即將出現。加上有 "Well" 這個filler，基本上就是考評局特地讓考生有心理準備，緩衝一下說答案前的時間。如果是Part 1或Part 2的題目，甚至會讓另一個角色重複一遍，擔心底子差的同學第一次聽不到答案。

當然，如果是Part 3或Part 4，想區分聆聽能力高與低的考生，考評局便可能會略作調整：

Question	
What time will the basketball game start at?	
Tape-script	
Person A:	The game's going to **start at 9**, isn't it?
Person B:	**Hmm**⋯ I remember it's **8 instead of 9**.
Person A:	Oh, I remember! It's my bad and **you're right**.
Person B:	No worries at all. Just remember to come on time!

如果該道題目考評局想提升難度，便可能特地先説錯的數字，然後再糾正成正確答案。底子差或心急的同學可能聽到"start at 9"，就直接寫答案，忽略了後面的"it's 8 instead of 9"。在答案出現前，同樣出現"Hmm…"這個filler作為緩衝，讓同學有足夠時間準備。

另外，難度較高的題目就不會像上一道題目般再重複一次"will begin at 8"，而是説"you're right"來確認真正答案是8點而不是9點。

除了剛剛提到的fillers，以下提供一些在出現答案前大機會出現的字眼：

關鍵詞前綴	常見字眼
連接詞	and/ also/ too/ plus/ in addition/ on top of that/ besides/ moreover/ furthermore/ as well as/ similarly/ another/ not only… but also
因果關係詞	as/ because/ so/ since/ therefore/ hence/ thus/ as a result lead to/ cause/ bring about
轉折詞	Although/ but/ however/ nevertheless/ it's just that/ despite/ in spite of
Fillers	Well, …/ Like…/ Hmm…
問句	Don't you know…?/ how can they…? So what's good/ bad about…?
否定詞	Not/ don't/ doesn't/ didn't/ none

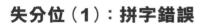

失分位（1）：拼字錯誤

如果同學在聆聽能力不俗，基本上能抓到答案，那唯一要注意的就是串字。因為拼字錯誤，考評局很多時候是直接不給分的。例如是地址、職業、婚姻狀況、數字都是常見的答案字眼，像地址中的"Mansion"（大廈）、"Avenue"（大道）、"Suite"（套房），或婚姻狀態中的"Single"（未婚）、"Married"（已婚）、"Divorced"（離婚）、"Widowed"（喪偶），香港學生未必經常在日常生活中接觸到，於是就算是偏簡單的字詞也會拼錯。

失分位（2）：數字

另外數字也是不少考生的「失分位」，以下列出我認為比較容易錯的例子：

數字	英文唸法
800,000	Eight hundred thousand
20,000,000	Twenty million
100th（sequence）	One hundredth
2/3 (fraction)	Two-thirds
98881002 (Phone no.)	Nine triple eight one double zero two
1988 (year)	Nineteen eighty eight
11:55 (time)	Five minutes to twelve
3:15 (time)	A quarter past three
4:45 (time)	A quarter to five

2.6.2 綜合卷做卷策略

做綜合部份時，你是邊做邊找 points ？還是找齊 points 才下筆？何者較好？

很多同學在做綜合部份時，都會習慣性邊做邊找 points。很多同學都不喜歡在找 points 過程中的不安感，認為只要尚未落筆，分數便還沒「袋袋平安」；而邊做邊找，雖然明知可能漏了某些 points，就算之後能找回也會令答案雜亂無章，但同學心理上會比較安心。

有些同學的心態是：如果找齊 points 才開始下筆，不會來不及完成 3 個 tasks 嗎？我要指出這是一個謬誤：如果同學本身就因能力不足或欠缺技巧而無法完成試卷，是不會因為你邊做邊找而突然由「不夠時間」變成「夠時間」的。如果要說節省時間，找齊 points 才落筆才是理想方法。如果同學邊做邊找，即是每做一個 Task 就要翻遍整個 Data File 一次，即總共 3 次；如果同學是找齊所有 points 才開始做卷，那麼只須詳讀整個 Data File 一次。

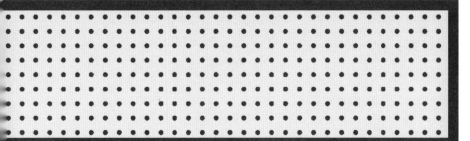

我以前一開始做綜合卷是也會邊做邊找,結果寫完整個Task 8,到Task 9才發現原來漏了Task 8的points,又要回到Task 8加points,嚴重影響時間控制,而且Task 8的結構亦十分混亂。

另外就是有些points,尤其是涉及到簡單的數學計算,都是考評局精心設計的陷阱,考生必須要閱畢整份Data File才能得出正確答案。同學可參考這個例子:

上司 (Noel Wong) 指引	Send Robert Sin, the café owner, an email to keep him posted about our progress and what we need from his side. **Remember to confirm the amount to be paid for the equipment in advance**. Start by looking at my email exchange with Jason about this.

Email from Robert Sin (6 April)	Regarding the hand-drip coffee experience, you may rent the professional equipment from us. Can you let us know how many sets would you need? **We suggest that the ratio of the number of sets of equipment: number of participants should not exceed 1:4**, so that every participant would have sufficient time to experience the process. **The rent is HK$50/set (with an additional deposit of HK$250/set).** Please transfer the rent and deposit to us in advance as we would have to prepare for that.	
Email from Noel Wong (7 April)	We are expecting **20 participants** and people should be free on Saturday afternoon.	
Skype Chat between Noel Wong, Jason Tsui, Natalie Chiu and Sandy Yau	Natalie:	Oh and for the coffee equipment, we're expecting **20 participants**, right?
	Jason:	Yep you're right, and **let's follow the ratio suggested by the café**. I think it's better to **rent 2 extra sets** on top of that, in case there're more participants than we expect.
	Noel:	Agreed, let's play safe. BTW, Samantha just replied a yes.

如果同學只看了Email的部分便落筆，便會得出須要20/4 = 5 sets of equipment，而最終須確認的數額則是 5*(50+250) = 1,500。但同學如果在做下一個Task才發現原來後面的另一則Skype Chat指出"it's better to **rent 2 extra sets** on top of that"和"let's play safe"，那麼就要把原來的5 sets變為7 sets，總額則是7*(50+250) = 2,100。

就算能力再差，也不應用超過25分鐘找points

老實說，就算是能力再差的同學，也不會及不應用超過25分鐘找points。就算同學寫作和組織能力奇差，剩下的50分鐘明顯完成不了3個Tasks，那最壞情況就是在其中一個task基本上完全不理會language、coherence and organization和appropriacy，把points直接把字過紙，至少能保證取得大部分內容分數，總好過不夠時間完成試卷。同學要注意，content分已經佔了整體一半的分數，亦會限制另外一半的分數。即是無論你的文筆有多好、格式、語境意識全對，如果你因漏掉很多points而導致內容分數低，那麼很抱歉，你的language、coherence and organization和appropriacy分數也會受到限制。我建議的做法是，可以一開始就撕下上級的指引信件（Data File page 4），方便自己一手拿著指引信件，一手揭Data File圈出points。然後同學可以在Data File在相關部分打記號，如T8、T9、T10，不同部分可用不同顏色的筆劃分，方便識別。我個人是沒有這樣做的，因為覺得轉顏色太浪費時間，因此只會在points附近圈起並標註就可以。

2.6.3 綜合卷格式和語氣

與中文綜合一樣，要在英文綜合版的「語境意識」，即是 Coherence and Organization 和 Appropriacy 中 取 得 高 分，下些苦功背格式是不可或缺的。

根據歷年綜合卷的經驗，大機率會出現的文體包括：

Formal	• Formal Letter (to seniors) • Letter to the Editor • Email (to seniors) • Letter of Reply/ Defensive Letter • Letter of Complaint • Letter of Invitation • Application Letter • Report/ Summary • Proposal • Newspaper Article
Semi-formal	• Speech/ Debate Speech • Feature Article/ Magazine Article • Webpage/ Information Page
Informal	• Personal Letter

Formal Letter 要有正確的上款和下款是常識，而有時電郵標題已經值一分內容分，也是必不可少的。很多同學寫了多年的Formal

Letter，仍然因基本的低級錯誤失分：

Yours sincerely VS Yours faithfully	• Yours sincerely：知道收信人姓名 • Yours faithfully：不知道收信人姓名 • Semi-formal or formal：Regards 可以接受
信件上款不應該寫收件人的全名	(X) Dear Melody Tam (X) Dear Ms. Melody Tam (V) Dear Ms. Tam (V) Dear Melody
下款	• 寄件人公司機構（及職位） • 若上司指引為 "write an email/ letter on my behalf"，那麼署名便要寫上司而不是原來的人物身分

而 Report、Summary、Proposal 和 Article 基本上也是一定要有標題，而且 Report 和 Summary 最好能有小標題，例如（1）Introduction、（2）Option A、（2.1）Pros of Option A、（2.2）Cons of Option A、（3）Option B、（3.1）Pros of Option B、（3.2）Cons of Option B、（4）Conclusion，這樣便可以輕鬆達到文章結構清晰的要求。

同學應該可以輕鬆留意到，Formal 的文體佔了綜合卷常見文體的大多數。然而，Data File 的用字多半為 Informal，尤其是經常出現的個人日誌和聊天記錄。因此，Appropriacy 方面最容易改善的就是把 Data File 中太隨便的用字正式化。首先必須避免 Data File 中的口語用語，包括所有縮寫。

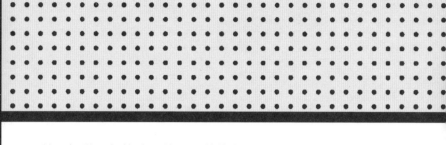

另外也提供兩個快速而簡易的轉換方法：

（1）名詞化：正式的文章喜歡使用大量名詞，只要把Data File中的動詞轉化成名詞，自然就會多使用被動式動詞（passive voice），感覺會正式得多。大家可以比較以下兩組句子：

原本句子	名詞化句子
Students studying abroad need to **adapt** to the new environment.	**Adaptation** to the new environment is required for students studying abroad.
We can **educate** students to enhance their learning results.	**Education** can lead to an enhancement in learning results.

（2）減少用第一和第二人稱開頭：除了剛剛提及過的被動式動詞（passive voice），同學亦可以嘗試用動名詞（gerund）開頭：

原本句子	名詞化句子
We **read** books to **improve** English.	**Reading** books will lead to a significant **improvement** in English.
You can **execute** the plan to **reduce** the negative impacts.	**Executing** the plan can lead to a **reduction** in the negative impacts.

2.7
說話卷

同學一定要善用10分鐘的準備時間。説話卷往往會提供參考文章，讓同學可以更輕易想出論點。

但我會建議同學一開始只須略看，大概知道主題便可以，之後可以直接跳到點列式題目的部份。這是因為其他考生大概也會根據文章想出論點，如果不想和其他考生説的內容重複，最好不要被文章干擾自己的思考過程，真的想不出論點時才看文章那提示也不遲。

提示卡上該寫什麼？

很多同學對説英文的信心不足，於是便把接下來想説的話一字一句地寫在提示卡上。我是極度不建議同學這樣做的，因為説出來會顯得極度不自然，與其他考生欠缺眼神交流。而更重要的是，10分鐘時間根本不足夠讓同學完整地寫完兩至三個論點。就每一道的點列式題目，我只會讓自己準備1到1.5分鐘，只會寫下四至五個關鍵詞，餘下的就臨場拓展發揮。到這個時候，我才會回到參考文章的部份，主要是用來預測其他考生待會兒會説什麼，我便能有心理準

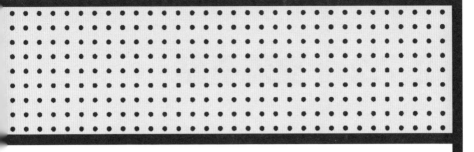

備地回應。如果到了這個時間點依然想不出論點，我才會「迫不得已」地從文章獲取靈感。

把握最後3分鐘

整個時間安排其實十分緊湊，但是我就算寫不完提示卡，最後3分鐘我一定會預演一次，起碼將其中一至兩個論點組織並默念出來。這是因為說話的流利程度和信心，比起你是否能在提示卡上寫上滿滿的文字或者能否將所有寫下的論點表達出來，往往是更加重要，更能留下一個好的整體印象。

交流重點

考官最看重的就是考生是否能回應其他人的觀點。其實要營造這個感覺並不難，只要每一次發言前用一句總結上一個考生的説話便可以。

提到這一句總結，你未必要百分百準確，只要內容不要偏離太多即可，最重要是你能展示給考官看你是有回應別人的意識。

以下給幾個例子大家參考：

總結別人發言	承接自己發言
You've just mentioned that…	On top of that, …
So you mean …, right?	I'd like to build up on your idea of … and my view is …
Your idea of … is great!	I'd like to support your point with an example.

同學亦應該避免過分使用 "I think"、"I agree with you"、"I totally disagree with you" 等被濫用的「發言起手式」。很多考生甚至明明自己的觀點就和其他人對立，卻硬是要在發言開首加一句 "I agree with you"，顯得非常突兀。同學可以嘗試用這些字句來代替：

Expressing opinions	I feel that … It seems to me think … The way I see it is …
Agree	I'd go along with that. I see what you mean. I've never thought about it in this way before. That's terrific/ great/ brilliant/ excellent! Sure/ Of course/ Certainly! I'm really glad you brought that up.
Disagreeing	I'm not too sure about it. Up to a point I agree with you, but … That's not completely untrue, but … I won't say it's necessarily true.

同學必須戒掉的壞習慣

另一個不少同學的壞習慣就是喜歡在發言最尾加上 "what do you guys think?"，希望讓考官感覺你在詢問其他考生的意見。與其他考生多交流固然是沒有錯，但這句跟 "I agree with you" 一樣被過分濫用，考官一早就識破這是同學假惺惺的招數。

想要變得與眾不同，同學便要問得更加針對性。例如題目是討論廢物回收和垃圾徵費，而你剛剛說的觀點是關於徵費的可行性。完結發言前，同學便可以說 "so do you guys think what I've just mentioned about the feasibility of the levy makes sense?"，比起 "so what do you guys think" 會顯得具體很多。

2.7.3 一分鐘個人發言

至於是Individual Response的部分，最多可以令你的分數加或減4分，效用也不容忽視！

不少同學害怕這部分是因為考官一問完問題，同學基本上要馬上作答，毫無思考時間。回答Individual Response的頭兩句，同學應該（1）先用完整句子回應問題（即是paraphrase題目），然後（2）用一句總結自己接下來要回答的內容，可以令你有更多時間思考，並令考官覺得你在短時間內都能準備有條理的答案。

至於是拓展部分，可以參考之前寫作卷說過的RICE口訣，基本上說兩個重點，每個重點說3到4句，回答便已經會非常飽滿。

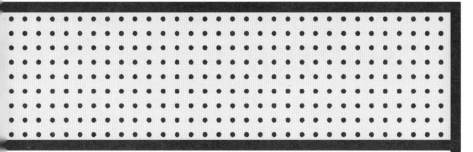

以下是我當年考文憑試的回答：

Question: Have electives made your learning more well-rounded?

Yes, I think elective subjects have definitely made my studies more well-rounded（完整句子回應問題）. I will elaborate on both core and elective subjects（用一句總結自己接下來要回答的內容）. For core subjects like Chinese and English, they only equip me with some essential language skills, so that (Impact) I can communicate with others. But for elective subjects (Comparison), I can learn about specific and technical knowledge. For example (Example), in Chemistry, I have learnt about the properties of various subjects and reactions between different chemicals. Besides Chemistry, I also study Economics and have learnt (Impact) economic principles which are applicable to our daily life. For example (Example), how the demand and supply change according to multiple factors and conditions. Through my elective subjects, I have acquired more technical and multidimensional knowledge and they have turned me into a more well-rounded person（小總結）. Thank you.

CHAPTER 3

溫習及
操卷心得

3.1

數學及
選修科
高分六部曲

我自己當年的選修科目是化學、生物和經濟，全部都是可以系統性操練歷屆試題的科目，而且評卷準則比較客觀，因此以下心得可能比較適合數學科或同類型的選修科（理科或商科）。當然，文科同學也能參考大致的步驟，只是這些科目主觀性較強，這六部曲同學或須自行調整。

在說「溫習」前，我認為自己在初中時養成了一個至今仍然令我受益的習慣，就是預習和自學。尤其是每逢長假期（暑假及聖誕假），我都會把握時間預習或者是自學下一個學期的內容。

很多同學一聽到「預習」便會卻步，想到自己平時連上課後也不會馬上進行複習，更遑論是在課堂前進行準備。然而，一旦形成了預習的習慣，便可不斷受益於一個良性循環，更可培養出自學任何東西的能力，對於日後上大學或工作都有莫大的裨益，不僅僅是為了文憑試這個里程碑。當然，同學看這本書時如果已經「為時已晚」也不要緊，可以參考我以下所說的六部曲，追回一些自己不熟悉的課題。

當你的進度一直超前學校，你會有信心許多，形成良性循環。因為如果你有預習或自學過，學習時便會更得心應手，成績自然會進步，令你溫習下一次考試時更有動力，再下一次的考試表現又更

好。所以我很建議大家暑假時便開始預習或自學。

第一步：把教科書的相關章節先略讀一遍

這聽起來就是常識，是不少同學嘗試預習或剛開始溫習時會做的事情，卻也是很多同學容易中途放棄的階段。注意我這裡說的是「略讀」，很多同學總是想一步登天，在這個階段一旦遇到大量須背誦的內容，或自己稍微不明白的概念，便會失去自學的動力。

在這個階段，我並不會要求自己將教科書的內容死記硬背達到一個很熟悉的程度。我著重的是對於大概念的理解，如果在基礎概念上遇到難以理解的地方，我會願意多花一些時間反覆 讀相關課文，直到自己思緒清晰。

這些大方向的問題，教科書一定是按照考評局訂立的課程去寫，可以確保自己跟從正確的框架學習，並不會忽略任何重要的大概念，這也是為什麼我不建議同學一開始就看坊間「雞精書」學習的原因。要是看了幾遍還是不明白，我也不會因此喪失信心或鑽牛角尖，只會圈下相關概念，在上課時著重聆聽，並集中詢問老師有關問題。

第二步：寫一些非常粗略的筆記

這些筆記就算是雜亂無章也沒關係，並不用追求漂亮的排版，因為

這並非你考文憑試時會重覆溫習的精華筆記。

為什麼要寫粗略的筆記呢？其實是幫你自己消化剛看完的內容及加深印象，例如一些要死記硬背的內容，如果你可以用自己的文字及點列式列出重點，印象一定會深刻許多。又或者是難明的概念，可以用流程圖、腦圖等幫自己更容易理解內容。這些粗略的筆記我多半隨便找白紙或廢紙寫便可以，因為重點是在於寫筆記的過程。至於臨考溫習的那本筆記應該要集合其他精華，例如是重點之中的重點和做錯過的題目，待會兒會詳細説明。

第三步：按課題操練多項選擇題

這是主動學習（active learning）的過程。很多時候同學在翻閱教科書時會覺得自己什麼都會。但一到做題目時，尤其是多項選擇題經常會問到細節的部分，同學便會意識到自己對於課題某些部分的理解尚未透徹。同學可以針對個別部分進行溫習，而不用每一次都從頭到尾的溫習，可以省下不少時間。很多同學操練歷屆試題的誤區的是不斷地操練容易的題目，覺得自己全都會做，心裡就會有很大的滿足感，但這樣其實只是自欺欺人。同學反而應該投資有限的時間在自己最不熟悉或錯誤最多的課題，才能減少在真正考試中會犯的錯誤。

大家可能會覺得驚訝，明明只是剛略讀了教科書和寫了粗略的筆記，未完全溫習好便開始操卷，這樣不是浪費歷屆試題嗎？很多人的概念就是要完全溫習好才開始操卷，否則便是浪費題目。然而，我認為並沒有「浪費歷屆試題」一說，只要用得其所，發揮到最大的學習功用，那麼並不算是浪費題目。做選擇題也不是說你圈好答案便了事，而是在操卷後一定要記下不懂、不確定或做錯過的題目，溫習完可以再重新做這些已經記下的部分 看看自己是否真的全部都明白，這樣才是有意義、有效的學習過程，否則漫無目的地操卷，隨便圈圈答案就算，你是不會有任何得著的。

我預習時一般會用會考題目來操練，因為程度比文憑試略淺。如果學校已經教完課題，或中六時想針對自己較弱的課題，那麼會考跟文憑試的題目都會做。

第四步：濃縮多方面的精華並做成筆記

我會看多於一本的坊間參考書，融合教科書的內容，做成一本精華筆記，給自己以後溫習文憑試時使用。你可能會問：做完選擇題為什麼不直接做長題目？這是因為教科書和參考書不會教你長題目的答題技巧，例如是化學和生物的實驗題，教科書只會告訴你實驗的步驟，而選擇題只會考細微的枝節。

但說到長題目的思維，很多時候還是要看參考書才能學到。既然你說參考書這麼有用，那為什麼不一開始就看幾本參考書，整合它們便好了？但剛剛也提及過，教科書必定是跟足考評局課程大綱而出版，但參考書既然是供同學「參考」，自然可能會忽略某些內容，所以我還是建議大家一開始先看教科書，知道課程大綱覆蓋了什麼重點才去看參考書，這樣便不會漏了任何要學的內容，看參考書時也能更好地吸收。

有很多同學都覺得寫筆記時候是一個很花時間的過程，這是無庸置疑的事實，但這些時間是用得其所的。試想想你在溫習的時候，又要看教科書，又要看房間五花八門的參考書，又要看學校的筆記，可供參考的資料多不勝數。正所謂「工欲善其事，必先利其器」，如果每一次溫習都沒有集中的溫習材料，把自己弄得非常混亂，溫習起來又怎麼會有效率呢？一本好的筆記，對於溫習是如虎添翼的。但是如何寫筆記才能加深記憶，並方便自己在中六重溫呢？

我以下用自己的生物科筆記為範例——當然，正在閱讀這本書的你未必有修讀生物科，但我強調的是寫筆記的方法和概念，在其他須大量背誦的科目同樣適用。

第一，每一個章節的開首都可以利用「腦圖」的概念寫一個總結。腦圖的好處是，你可以一目了然整個章節是在講什麼內容，可以跟教科書或考評局的課程大綱直接做比對，確保自己沒有漏掉什麼重點。另外一個好處是，你寫完整個章節的筆記後，你可以回到一開始的腦圖，快速考核自己是否真的溫習好整個章節。

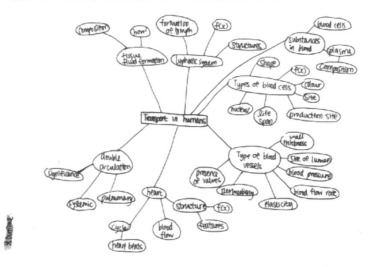

比如說lymphatic system（淋巴系統）裡面，包含了formation of lymph（淋巴的形成）、functions（功能）和structures（結構），那我就知道自己在淋巴系統這個小標題下必須知道什麼內容。我可以對著這張腦圖，在旁邊拿張白紙，背默出淋巴系統形成的過程、它的

功能、以及描述他的結構。又或者是關於blood cells（血液細胞），看到引申出來的小分支之我就會知道，我必須知道它的形狀、功能、顏色、大小、壽命、生產地點等等。用腦圖可以方便自己用一個層層遞進的方式，快速的知道自己哪些部分已經溫習好、哪些部分還需要溫習。

第二，你可以利用符號形成屬於自己的筆記系統。例如大星星就是代表一個大課題，下面每一個小分支就用小星星來表示，再下面的分類就可以用數字、字母跟箭頭等。反正沒有一個特定的規矩，純粹是方便自己找回不同的小標題跟分類。比如我在看一個章節的筆記，我一看到大星星，就知道那是一個大課題，可是這個大課題並不是我今天下溫習的重點，那我就可以很快地跳到下一顆大星星，在找特定資訊去溫習的時候能省下非常多的時間。

Ch. 11 Gas Exchange in Humans

⭐ Definition
- exchange of respiratory gases
  between living organism's and atmosphere
  through respiratory surface

⭐ Pathway of Air into lungs

nostril ⇒ nasal cavity ⇒ pharynx ⇒ glottis ⇒ larynx
⇒ trachea ⇒ bronchi ⇒ bronchiole ⇒ alveoli

⭐ Nostril
1) Hairs (not cilia)
   ↳ filter dust particles & bacteria

⭐ Nasal cavity
1) Ciliated Epithelial cells
   ↳ beat to sweep mucus w/ trapped dust
     & bacteria to pharynx
     (either coughed out / swallowed)

2) Mucus secreting cells
   ↳ trap dust & bacteria
   ↳ moisten incoming air
     (↓ water loss from lungs)

3) Blood capillaries
   ↳ warm incoming air
     (favourable temp. to kill bacteria)

☆ Trachea / bronchi / bronchioles

1) Cartilage
   - C-shaped in trachea (allows expansion)
   - circular-shaped in bronchi
   - none in bronchioles
   - prevents collapsing / allows air to enter

2) Mucus & cilia
   - mucus traps dusts & bacteria
   - cilia beats & sweep mucus up to pharynx

☆ Alveoli

1) Highly folded
   - ↑ S.A. for exchange

2) Highly vascularized
   - oxygenated blood transported away rapidly
   - steep concentration gradient
   - rate of exchange ↑

3) Thin wall
   - short diffusion distance for gases

4) Inner surface moist by water film
   - dissolves oxygen & enhances diffusion

5) large number in lungs
   - ↑ S.A. for exchange

第三，比較難記的部分可以借助口訣幫自己記憶。以下圖為例，在 first line of defence 裡面，有再分為 physical 和 chemical ，那他們第一個字是以Ｐ跟Ｃ開頭的，所以我就標記了Ｐ跟Ｃ。到 physical 的部分，分別有 respiratory tract, nostrils, skin ，所以用Ｒ、Ｎ、Ｓ做標記。而 chemical 的部分，則是包括了 sebum, lysozyme, acidic secretion in vagina, hydrochloric acid，所以用Ｓ、Ｌ、Ａ、Ｈ標記。

Ch.21 Body Defence Mechanisms

★Non-specific defence mechanisms
↳ act against any types of pathogens

① 1st line : Barriers   (P-C)
↳ prevent entry of pathogens

physical {
(R-N-S)
1) Skin: dead cornified cells
2) Nostrils : hair
3) Respiratory tract :-ciliated epithelium
                     -mucus-secreting cells

chemical {
(S-L-A-H)
1) Sebum:-secreted by sebaceous glands
           of skin
        - antiseptic, kills pathogens
2) Lysozyme:-secreted by lysosomes
             in tears & saliva
          - digest cell wall of bacteria
3) HCl: - gastric juice
4) Acidic secretion in vagina

如果可以的話，還可以把全部的英文字首拼成有意義的字，進一步加強記憶。比如下方是我經濟科的筆記，我要背誦limited company的特點，分別是legal entity, limited liability, lasting continuity, profits tax rate is higher, wider source of capital, set-up procedures are more complicated, and separation of ownership and management。它們的字首剛好可以拼成：LLLPWSS，我便會聯想為「很長」+（3個L，代表long乘3倍）的「密碼」（PW）+「有很多個」（加一個s是眾數，兩個s即是有很多）。

也許同學會覺得我的聯想很荒誕，但越荒誕的聯想其實能讓你的記憶越深刻。聯想的句子或故事是什麼不重要，最重要是同學自己容易記憶便可，在考試極度緊張的情況下就算腦袋突然一片空白，只要一想起口訣，還是可以聯想出答案。

Ch. 3 Ownership of Firms

☆Limited Company (L-L-L-P-W-S-S) (記大致要點有幾多1)

① Legal entity :· can sue / can be sued
　　　　　　　· can buy properties / sign contracts
　　　　　　　· owers ≠ ✗bear responsibilities

② Limited liability: Liability of shareholders is limited
　　　　　　　　　　to the amount of investment in
　　　　　　　　　　the company

③ Lasting continuity
④ Wider source of capital = issuing shares / bonds
⑤ Higher profits tax rate
⑥ More complicated set-up procedures
⑦ Seperation of ownership / management

第五步：做歷屆試題中的長題目

第一次做長題目的時候，一定要白紙黑字的寫下來自己的答案。很多人覺得，可以一手拿著題目，一手拿著答案，在心裡默默想答案可以，並不用花時間每一道題都寫在紙上。但是第一，如果你不把題目一道一道白紙黑字的寫下來，印象根本不夠深刻；第二，很多同學看著答案會認為自己會作答，能寫出一樣的答案，但根本只是自欺欺人。第三，幫你把每一道題的答案都寫在紙上，就可以很方便地跟標準答案做出比對，清楚知道自己失去的每一分的原因。

要知道公開試裡面，每一分都是至關重要，等級跟等級之間有時候只是幾分的差距。有時候同學看著標準答案，覺得5分滿分的題目自己能拿到3到4分，然後就心滿意足地跳到下一題了，卻不知道自己那一到2分是為什麼失去的。如果同學每一道題都可以嚴謹的做比對，就可以精確的找出自己失分的原因，從而對症下藥。

對答案時謹記不要對自己要求過於寬鬆，關鍵詞就算差一點也好，也先圈起請相關題目。錯了的題目固然要抄下，但就算我答對了題目，只要我認為自己曾經有過猶豫的瞬間，或者是我發現到考評局的常見陷阱，我都一定會抄到錯題本上。

長一點的題目我會開新頁抄下，當然要抄下答案和劃下關鍵詞。如果只是漏1到2個關鍵詞或重點，我就會把它們抄到精華筆記的相應部分附近去提醒自己。由於所有重點都已經整合在一本筆記中，當你臨考文憑試再去看這本精華筆記，便可以節省再次大量操練的時間，所有自己錯過或不確定的概念都能一目了然。在閱讀筆記中的某個概念時，你也可以看到相關的奪分關鍵詞和個人備註，儘量避免犯其他考生的常見錯誤。

第六步：按年份操練全份歷屆試題

如果是選修科，我認為同學並不用一開始就急於按年份操練全份的歷屆試題，我基本上是到中六臨考文憑試才開始這個步驟。一來是中四、中五時還未學完所有的課題，但更重要的是，按年份操練歷屆試題對於集中檢視弱點的效率不及按課題去操練那麼高。按年份操練，主要是為了感受一次過做全份卷的壓力，並訓練分配時間和調整心理質素。

例如同學會不會因為卡在一條題目很久，仍然鑽牛角尖，導致不夠時間完成後面的題目？令一個目的則是看看自己能不能把不同的課題融會貫通，因為每份卷總有一些較高階的跨單元題目，未必被歸類到按課題分類的歷屆試題中，同學便可以在最後階段測試自己是否連高難度的題目也能夠應付。

3.2

語文科目及按年份操練的歷屆試題

語文科的歷屆試題基本上是按年份操練，不像選修科般可以按特定課題操練。語文科目的出題模式雖然有跡可循，但題型始終比數理科目多變。如果太早開始操練歷屆試題，連語文根基都未達標，盲目操練大量歷屆試題可能只是不斷犯同樣的錯誤。不斷花時間練習錯的作答方式，只是虛耗自己的時間。

因此我認為語文科目並不用過早開始操練的歷屆試題，初中到中四的同學可以按前面部分的心得先打好基本功，到中五、中六才進入專攻考試模式也不遲。既然按年份操練歷屆試題是為了訓練分配時間和調整心理質素，操卷時有什麼要注意？這些心得，同樣適用於模擬試卷，以及上面剛提到按年份操練的歷屆試題。

讓大腦貼近真正考試的時間

時間方面，大家可以儘量貼近真正考試的時間。文憑試一般是8:30開考，如果想營造當天的感覺，最好7點前就能起床，適應早起的感覺。如果是操練中文科的卷一，就儘量在之後馬上安排做卷二，因為中文科在真正考試中是卷一和卷二連續考的。對於早起操卷這件事，同學會給自己想很多藉口，例如自己並不是習慣早起的人，這麼早起床做試題的效果肯定不會好。大家千萬不要低估精神狀態對於考試表現的影響，如果你不是習慣早起的人，你更加要快點培

養早起的習慣，讓自己的頭腦適應這個生活中，確保自己在正式考試時頭腦清醒。

嚴格執行時間限制

另一個誤區就是同學沒有嚴格執行時間限制。尤其是一些時間緊迫的卷別，例如是中英文科的寫作、綜合，又或者是通識科的卷一跟卷二，同學都十分喜歡自欺欺人，要是時間到了還做不完題目，就會多寬限自己幾分鐘的時間。這個習慣在中四、中五問題不大，因為那時候是應該追求答案的完整性，而不是一味追求速度。然而到了中六的衝刺期，同學要是做不完卷子還是要停筆，檢視自己未能完成是什麼原因。例如作文是因為想不出大綱，還是在開首部分花了太多時間，以致最後做不完？還有綜合卷，是因為找重點花了太多的時間，還是明明有能力快速找出重點，卻因為組織過慢或沒有背熟格式而做不完？

模擬做卷的環境

除了時間掌控，模擬做卷的環境也非常重要。剛剛也說過，精神跟身體的狀態是非常影響考試發揮的，考試考的並不單單是你的知識。其中一樣同學很容易忽視的就是桌子的大小，因為考場裡面的桌子一般都比你自己的書桌或自修室的書桌要小。試想在做英文綜合卷的時候，桌上有B1答題簿、B2答題簿、Data File、收音機、文

具及准考證，而擺在眼前的是一張小木桌子。在家中或自修室，同學應該嘗試把桌面的可用面積縮小，可以考慮用膠紙貼出小桌子的範圍，或者用書本圍起自己的可用範圍。這種壓迫感一開始可能會很不舒服，但我自己還是很著重小細節的適應。試想考試當天你已經非常緊張，桌上的東西又亂成一團，收音機、准考證和文具東掉西掉的，容易擾亂自己的思緒。另外很多同學在操練試題時喜歡帶耳塞，或一邊帶著耳機聽歌，一邊操練歷屆試題。但相信大家也聽過「擾敵」一說，你當天在考場也可能遇到發出噪音的考生，大家最好在操練試卷的階段已經適應了這種吵雜的背景聲音。

做完試題後一定要對卷

最重要的一點，就是做完試題後一定要對卷。之前也說過我會把錯過或不確定的題目抄到自己的精華筆記中，因此同學應該一早就形成認真對答案的習慣，這是整個做練習最寶貴的步驟，可以讓你意識到自己的弱點，從而針對性的做出改善。到了衝刺期，你不會有時間就每一個課題或每一份分卷都進行深度溫習，這時候就要靠完整的歷屆或模擬試卷幫你找出你最弱的課題或卷別。選修科的改善辦法比較直接，就是找出自己較不熟悉的課題後，抽出相關課題的歷屆試題再重點操練，已經熟悉的部分則不用再投放那麼多時間。至於是語文科目，短時間內確實很難大幅度提升語文水平，但是考試的策略卻是幾周甚至是幾天內就能調整過來的。

操練試題時幻想考試的情境

最後，同學也可以運用想像力，在操練試題時幻想考試的情境。在開始做每一份試卷前，我都會閉上眼睛，幻想自己置身在一個大禮堂裡面，周圍坐滿了考生，前方有一個大時鐘。幻想得越多，便會發現自己慢慢習慣了那種緊張的感覺，到實戰時便會約輕鬆，因為心裡上已經適應了考場的氣氛。另外，我應考前每逢上洗手間，對會對著鏡子說「你一定可以的」，一說會說上 10 次甚至 20 次，這樣的心理暗示對於提升自信有很大的幫助。如果有時操卷表現不佳，

你會發現你幻想得越多，你到時候就會越放鬆，因為你心理上已經適應了考場緊張的氣氛。其次，我當年其實會經常對著鏡子說，我也會幻想自己在卷子取得高分的景象，甚至當年雖然我並沒有想到自己能成為狀元，可是我還是會幻想放榜當天，自己從老師手中接過高分的文憑試證書。結合這幾種幻想，我就能做到在考場不會過分緊張、在溫習時充滿動力、並相信自己一定能做到一切我以前以為不可能的事情。

CHAPTER 4

時間分配
及　專　注
溫習法則

4.1

平日如何
分配時間？

不少同學都會認為在平日要上學的日子要有效地規劃時間十分困難，因為放學後總是有林林總總的課外活動，加上排山倒海的補習班和學校功課，到底怎麼樣才能有效運用時間呢？

首先，養成每天溫習語文科目的習慣是非常重要的。大家都知道中文和英文並不是一朝一夕就能進步的科目，而是須要長期累積詞彙和語文知識，並透過大量的閱讀提升語感。考試技巧固然也十分重要，但技巧只是一項工具，可以幫同學向考官有效地展示自己的語文功底。如果同學的語文底子十分薄弱，那你有再多的技巧也是徒勞無功。從中五下學期開始，我每天都會提早 30 分鐘到 45 分鐘起床溫習語文科目。

早上進行死記硬背的原因

為什麼要在早上特地起床溫習呢？放學回家才溫習不是一樣嗎？我這裡所指的「溫習中英文科」並非操練歷屆試題，而是溫習必須要死記硬背的內容。正正就是這些沉悶至極的內容，才可以透過日積月累提升你語文的根基，將你和其他懶惰的同學作出區分。

中文和英文科可以在早上溫習的類別主要有：

中文	英文
文言字詞	英文生詞
範文篇章	同義詞列表
寫作手法	短語（phrases）
中化知識	諺語（idioms）
名人名言	改錯練習（proof-reading exercise）
人物例子	短作文

在早上進行死記硬背的工作，主要有幾個原因：

第一，我認為自己早上起床的記憶力是最好的。當然有些同學是夜貓子，在晚上的工作效率會更高，但我相信大部分人還是在早上會比較精神。

第二，我一般放學時已經感到非常疲累，因此缺乏意志力迫自己進行沉悶的工作。在精神狀態比較差的時候，我傾向進行一些目標性更強的工作，例如是操練歷屆試題或坊間練習，若果能給予自己適當的時間壓力則更佳。

第三，早起可以提升我溫習的原動力。我心裡會想：我已經提早這麼多起床，要是不認真地溫習，豈不是浪費我犧牲了的睡眠時間？

同學只要熬過第一個月，養成了在早上特定時段溫習的習慣，便可以避免放學因發生突發狀況而打亂自己的溫習進度。比如說某天放學回家你已經感到十分疲累，或者當天學校的課業特別多，而溫習中英文科的需要並不是那麼迫切，同學便很容易鬆懈。

善用從放學到睡前的時間

至於從放學到晚上睡覺之間的時間，我一般會分為兩部分：第一段時間是下午4時到7時，第二段時間則是晚上8時到10時，中間為休息及吃飯時間。晚上10時至10時半則是我的緩衝時間，用作處理當天還沒完成的事項，或安排下一天的工作。我並不建議大家在同一天溫習太多的科目，因為放學後可支配的時間本身已經不多，如果每一科再進行零零碎碎的溫習，學習成效不大顯著。因此，我會把這兩個時段分配給兩個科目。例如下午4時到7時我會操練選修課的歷屆試題，吃完晚飯後則會操練中文綜合的試卷，連同對答案跟反思自己在做卷的不不足之處，基本上就耗上2小時了。

如何在補習與溫習之間取得平衡？

同學可能會說，每天放學都安排了大大小小的補習，放學後還要進行恆常溫習根本就是妙想天開。試想想這個情況：每天補習後，回家基本上已經是晚上7、8點，吃完晚飯以後不過是看看電視、滑滑

手機，不知不覺就到了要睡覺的時間，哪來的時間進行溫習？

首先，我是不鼓吹大家過度補習的，基本上挑自己比較弱的一到三科便可以。在香港考試導向的教育制度下，我承認補習是有一定的幫助。就算是對於能力較高的同學，優質的補習也能為同學提供捷徑，節省寶貴的溫習時間。很多做卷攻略或考試技巧，的確很難短時間內單憑自己去領悟，如果朝錯的方向溫習或使用效率低的學習方法，終日把自己關在自修室裡，可謂是固步自封。然而凡事都該取其中庸之道，過分補習只會完全剝削自己的溫習時間，弄巧反拙。

選取「好」的時段去補習也是必須的。何謂「好」的補習時間？就是同學一天裡最不精神的時段，或者可以把2到3個補習班編排在同一天和同一區，節省交通時間。同學要意識到，每一次出去補習都是打斷你專心溫習的時間。一整段的「連續時間區塊」是十分寶貴的，因為大多數人溫習的首半個小時都還沒進入狀態，之後才會漸入佳境。例如當年我認為週六下午是我效率最低的時候，因為剛剛過了疲倦的一週，又感覺還有週日一整天可以溫習，加上晚上通常會全家人出去吃飯。於是我便會儘量把2個連續的補習班編排在週六下午，之後便直接出去會合家人吃飯。這樣我只是出門一次，就完成了3個任務。試想如果週六上午出去補習、晚上出去吃飯，週日下

午又安排另一個補習，除了浪費準備出門跟交通時間，還會多次打斷自己專心溫習的時間。若有第3科補習，我會安排在週一到週五，還是儘量不要佔用週日的時間。這樣我每週會有：（1）4天上學日的放學時間、（2）週六上午及（3）週日一整天不受打擾的溫習時間（稍後會詳述假日安排時間的方式）。對於中四、五的同學而言，日常溫習能達到這個頻率，並使用適當的學習方法，對於應付文憑試已經綽綽有餘。

別少看零碎時間的威力！

雖說「連續時間區塊」十分寶貴，但也不要少看零碎時間的威力。不少同學都會白白浪費交通時間，在車上聽流行曲或滑手機。當年我學校離家很遠，來回至少要花兩小時或以上──這兩個小時我是絕對不會浪費的。例如我會把歷屆試題的PDF檔預先下載到自己的平板電腦上，分別用兩個應用程式開啟：一個用作開啟試題，而另外一個則開啟答案。我開著第一個應用程式，在心中想好答案後，再切換到開啟答案的應用程式馬上對答案。這個方式特別適合操練選擇題，又或者是已經操練過很多次的長題目（第一次操練長題目，我還是建議同學在紙上寫下答案，以加深記憶及方便和建議答案逐字逐句比對）。相信現時平板電腦比起我當年唸中學時更加普及，推出的應用程式也越來越多，操作上應該更加方便。

如果同學容易暈車，又或者搭車時周遭的環境過於嘈雜而無法專注答題，我便會選擇另外一種溫習方法：聆聽自己預先錄好的筆記內容。我會預先在家中把自己筆記的內容錄到手機裡，以便隨時隨地重聽筆記內容。這個方法對於要死記硬背的部分尤其有效，因為自己的聲音其實是特別容易入腦，就算你覺得自己根本沒有專心聆聽，多聽幾次對於記憶是有神奇的幫助，而很多的研究已經證明了多感官的輸入比起你只是看文字有效。

4.2

假日或
Study
Leave 的
時間安排

如果難得有一整天連續的可支配時間，或適逢暑假、聖誕假等長假期，同學千萬不要浪費，這可是急起直追的大好機會。

尤其是Study Leave這對應屆考生最關鍵的假期，同學終於可以任意支配自己的時間，不用再因為應付學校課業、課外活動而苦惱。有的同學憑藉在Study Leave期間急起直追，及時運用了適當的溫習方法及妥善分配自己僅有的時間，最終出乎意料地取得好成績；有的同學則缺乏危機感，認為Study Leave的時間十分充裕，並不須要精準地規劃時間，按心情溫習就好，最後放榜才感到後悔莫及。

訂立一個「完美」的時間表？

為了善用一整日的時間，相信每個同學都曾經為自己訂立時間表。但先問問自己，是否有過以下的慘痛經歷：晚上入睡前，你告訴自己，今天已經浪費了一整天，現在就為明天訂立一個完美時間表吧！於是你興致勃勃地安排好第二天早上的8時、9時、10時分別要做什麼工作，憧憬著明天的充實和美好。

到了第二天，「鈴、鈴、鈴……」

鬧鐘聲響起了。你只不過是賴了一下床，怎麼一小時就這樣過去了？糟糕，已經是早上9時了，那我8時安排好的工作怎麼辦？雖然心裡已經有點失去使用時間表的動力，但沒關係，努力一點把這一個小時的進度追回來吧！然而，到了中午或下午時分，你還是跟不上時間表——這個時候挫敗感就來了。好一點的情況是，雖然你放棄了使用時間表，但還是會溫習，只是完全沒有規劃，想到什麼就溫習什麼；而大多數情況下，那一天你索性放棄溫習，這樣便白白浪費了寶貴的一天。

何謂「任務列表」和「時間表」的混合體？

其實使用時間表並非完全錯誤，只是同學容易過分理想化傳統時間表，並且欠缺彈性。當同學在現實中難以實踐，時間表便完全失去了其意義，還會為同學帶來挫敗感。因此與其使用傳統時間表，我更建議大家使用任務列表（to-do list）和時間表的混合體。

以下是我當年在 Study Leave 期間的實例，而其他 Study Leave 前的長假期的時間安排也差不多：

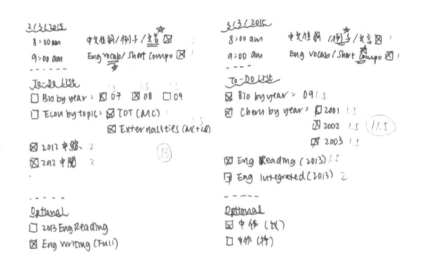

當時我每天都是晚上12時入睡、早上7時起床，堅決不讓自己熬夜。早睡早起的確是非常老套，但文憑試一般是在早上8時30分開考，要是你習慣每天睡到早上10時或11時才起床，真正考試時便會處於渾渾噩噩的狀態，試問在考試中豈能取得好成績？起床後的第一個小時，人基本上還是處於「未完全開機」的狀態，因此這個時段我一般會吃點簡單的早餐、看看新聞，或坐在書桌前放空，讓自己漸漸進入溫習狀態。

安排特定時段專攻語文科

每天早上的8時到10時，我都會安排一個特定的時段，專攻中文科跟英文科，尤其是要死記硬背的部分。這其實是「上學日提早起床溫習語文科目」的進階版，而每一天我都有一個溫習重點，並會在上面打＊。

例如是中文科，第一天我是集中溫習文言字詞，到第二天我就會換成集中溫習例子，並在當天的重點項目打＊；英文方面，比如前一天我已經集中背誦了生詞跟同義詞，那第二天我可能就會要求自己練習寫一篇短作文。這樣可以讓我輕鬆檢視自己是否有平均地提升語文底子，避免因為特別不喜歡背誦某個部份而一直避開。

下面的部分就是任務列表。我的任務都是非常仔細的，比如說很多同學可能只會寫「溫習生物科」，但是我就會列明到底是要做哪些年份的歷屆試題，或者做by-topic的歷屆試題是做哪個課題，甚至標明只做選擇題還是長題目。

至於是語文科目，除了每天早上打好語文根基的功夫，當然少不了操卷的部分，而我會標明當天要做的卷別和年份。要寫得這麼詳細，是因為如果寫得過於籠統，便會完全失去任務列表的意義。試

想對著「溫習生物科」這5個字，到底是看教科書、寫筆記、做坊間練習還是歷屆試題？如果是操練歷屆試題，是否只是不斷重複同一課題或年份，溫習自己已經溫得滾瓜爛熟的知識點？坐在書桌前想著想著，很多同學的溫習動力便會被消磨掉。因此，任務的仔細程度應該是令自己「一坐下來便準確知道接下來要做甚麼」，而不會浪費寶貴的溫習時間。

要考慮編排任務的可行性

當然，為自己編排任務是也要考慮到可行性。同學可以看到我的時間表上，每一項任務都有預估完成的時間，就是避免安排過多任務以致最後做不完，產生挫敗感。同學在預估時間時千萬不要忽略了核對答案跟反思自己錯誤的時間。比如說中文綜合的先是是1小時15分鐘，但我一般會預留2小時去完成，因為我知道我至少要用半小時去閱讀評分準則跟考生表現。

以上圖左邊為例，我預計這天的任務大概會用上13小時。我平常大概7點起床，8時開始溫習，通常會溫習到10時或10時半，一共是14到15小時。扣除中間吃飯跟休息的時間，其實13個小時已經差不多了。即使任務列表看起來不夠「豐富」，我也不會再安排新的任務給自己。如果那天的進度真的很快，只用了10個小時就完成了預計

13個小時才能完成的工作，那怎麼辦呢？

中四至中六同學的應用方法

中四、五的同學不用那麼緊張，如果某一天效率奇高，那就可以獎勵自己，早點休息或讓自己偶爾娛樂放鬆一下；到了中六Study Leave，我每天都會準備一個「後備任務清單」，也就是圖中"Optional"的部分。即使是「後備」，我也會寫得十分清楚和具體，包括要做的卷別和年份。

如果是中文作文，我甚至會寫「中文作文（議論文）」及「中文作文（抒情文）」。那為什麼不直接寫「中文作文」，然後那天按照心情選擇寫抒情文還是議論文？中文寫作心得的部分已經提及過，我不建議大家只練習一種特定文體，因為你永遠不知道到你考試的那一年，你擅長寫的文體會否出現於很難的題目上。我把兩種文體都列出來，並不代表兩者都要完成，只是當我回顧多天來的任務列表，便可以檢視自己會否側重了練習寫某種文體。如果出現這樣的情況我便會警惕自己，儘量逼自己克服弱點。

即使是中六的同學，當天未能完成任務列表上的所有事情，也不用過分自責。我認為能完成列表上大概8成的工作是可接受的，然後我會把當天沒有完成的任務搬到下一天完成。

每天都使用任務列表的好處是，你可以在一週及一個月結束後都做檢討，看看自己會否經常有延遲工作的習慣，例如長期只能完成工作列表的一半或以下。這時候你便要想想背後的原因是什麼——是因為高估了自己的能力或低估完成任務的時間，還是因為純粹因為自己過度拖延？如果是前者，那麼就應該合理調整每天的任務量，不要眼高手低，否則會為自己帶來不必要的挫敗感，又或者是找方法提升效率；如果是後者，則要找出過度拖延或不能專心溫習的原因。

4.3

讓自己專心
溫習的方法

說到如何避免分心，我腦海中第一個浮現的一定是：「到自修室溫習」。

當然，我相信每個同學的溫習習慣都不同，有的同學可能在家中才能專心。只要同學確保在家中也能有效隔絕干擾、確定自己可以遠離社交媒體等誘惑，那在家溫習也沒有問題。

對我而言，家裡實在有太多引誘了，只有到自修室才能讓我馬上就進入認真狀態，放下手上一切的娛樂。首先，自修室的氣氛本來就比較嚴肅，當身邊所有人都在溫習的時候，自己如果不專心就會有一種愧疚感。第二，我在自修室的桌面上只會放溫習要用到的東西，也就是參考書、自己的筆記、和一些白紙，儘量減少干擾。當年的我比較極端，甚至會故意不把手機帶到自修室，有急事就讓家人來自修室找我，基本上是處於與世隔絕的狀態。

為自己設定「固定的讀書空間」是十分重要的，只要你一進入這個空間，潛意識便會告訴你即將要進入認真工作的狀態。我自己當年挑選了自修室作為我的固定溫習空間，是因為自修室安靜而嚴肅的氛圍可以為我帶來適量的心理壓力，讓我馬上能放下手上所有的娛樂，全神貫注地溫習。對我而言，自修室就是我的固定溫習空間，能讓我做到高效和專心的溫習。

幫助督促溫習的手機應用程式

當然，有時候我也逼不得已要帶手機到自修室，或當天因自修室關門而要在家溫習——這時我便會利用手機應用程式來督促自己。其實我推薦的手機App主要只有兩個：

（一）Forest：這就是大家俗稱的「種樹App」。我應該算是這個應用程式的早期用家了，甚至是它剛推出時已經在YouTube上推薦過。用家可以設定一個時限，在時限內不可使用手機的其他功能，只能停留在Forest的計時器上，否則你種下的樹便會枯萎，令你的虛擬土地變得非常難看。相反，如果同學能夠堅持，每完結一次工作時限，土地上都會種出一棵樹，形成美麗的森林。用家甚至可以用應用程式內的虛擬種子購買「真樹」，應用程式保證過會在真實世界中幫用家埋下一顆種子，為環保貢獻一分力。這個應用程式比起傳統

計時器互動性較高，而且特別適合完美主義的同學，因為你總不想因為一次未能在限時內控制自己不碰手機，就令美麗的森林中出現一棵枯萎的樹吧！

（二）Toggl：這個應用程式的介面要比Forest樸素，驟眼看會覺得是普通的計時器。這個應用程式的特別之處在於他可以令你很方便記錄每項任務累計用了多少時間。例如一開始用家可以設置任務A、B、C、D、E，開始任務A時便開始計時。如果中途想轉換到任務B，只要一按開始任務B，任務A便會自動停止計時，並且記錄上一時段連續工作了多久。一天下來，同學便可以一目了然分別在五個任務累計用了多少時間，亦可以檢視自己轉換任務的頻率會否過高。

除了任務以外，我通常會把休息或拖延的時間也當成一個項目，那麼便可以清楚知道自己是否偷懶而不自知。這個計時器有點像無時無刻地監視著我，令我不會輕易容許自己偷懶，也更容易維持長時間的專注。而且這個應用程式是可以在數個裝置上同步的，無論同學溫習時是用手機、平板電腦還是桌面電腦，都能輕鬆方便地追蹤自己的時間。

我的「變態」習慣

另外利用娛樂適度獎勵自己，也能提升溫習動力，自然沒那麼容易分心。我當年有個頗為「變態」的習慣：如果我定立了目標，要在吃午飯前完成5年的歷屆試題，要是沒有完成我便會不讓自己吃飯。換言之，不專心或拖延的時間其實是在「侵蝕」我休息和放鬆的時間，因此我會很有動力快點專心把任務做完。由於我就是個貪吃鬼，要是我能提早完成任務，我當天便會獎勵自己買零食並比平時多休息30分鐘。如果同學是很喜歡打遊戲，可以把「買零食」換成「打遊戲30分鐘」，或任何自己習慣做的事情。

我傾向把娛樂跟溫習是完全分開，因為如果把兩者混合在一起，很容易便會在溫習時也忍不住分心娛樂。例如自修室關門以後我便會馬上回家，不會再碰讀書相關的東西。這個時候我做任何娛樂的事情都不會感到內疚，因為這是給自己辛勞溫習一天後的 勵。這種辛苦過後的娛樂，除了可以平衡枯燥無味的溫習生活，還能給了我更大的動力在日間努力溫習。

CHAPTER 6

後記

十七歲的那場戰鬥，
決定的或許是你一生的態度

經營了 YouTube 教學頻道好幾年，我不只一次看到這樣的留言：「你拎咗 7 科 5**，做咩都得，贏晒啦」──事實恰恰相反，相信不少人在唸大學、出來工作後，驀然回首才會感悟到：文憑試的結束，只不過是一切的開始。過去幾年的經歷，正正讓我體會到，當年的文憑試成績只不過是一張比較好看的入場券，滿分成績在別人眼中或許只是一個無意義的數字。

既然文憑試只不過是一張入場券，那麼僅僅過關就好，為什麼還要那麼努力呢？不會後悔當年投放那麼多時間和心思在備試上，而犧牲了許多娛樂嗎？遺憾總是有的，但我從來沒有後悔──一路以來準備文憑試的態度，以及是十七歲那年上戰場所培養的心理質素，往往在關鍵時刻發揮作用。

就如 2019 年暑假，我在某美資投資銀行的投行部實習。沒錯，投行部就是那個傳說中「朝九晚五」（註：是早上九時到凌晨五時，不是下午五時）的部門。剛進大學時已經發現身邊臥虎藏龍，進了投行部更是發現自己的渺小──身邊的實習同事不是美國常春藤便是英國牛劍的尖子，要不就是清北的佼佼者，不少更有多次投行部的實習經歷。的我十分感恩有這個機會與一群這麼優秀的人工作，但期間難免感到壓力──就讀本地大學的我第一次在投行部實習，即使主修科被稱為「神科」，背景也許仍然是這群人中最不起眼的一個。

這喚起了當年備試時久違的感覺：當年我就讀一所歷史不到十年的新校，經常暗中把自己和名校生比較，更不時會妄自菲薄。當年我曾跟別人說自己的夢想是進投行，連老師都以為我在開玩笑，甚至有的人直接跟我說「不可能」。到真正拿到實習機會後，工作期間又實在有太多「不可能」的瞬間——那些無數個熬到凌晨四點才下班的晚上，又或是偶爾在通宵加班後所看見的日出晨光，又或是一起床便發現自己錯過了重要郵件的週日早上——都曾令我有過放棄的念頭。

在放棄的臨界點，我總想起十七歲那年的點點滴滴。我每天堅持早上五時起床背誦中英文科的佳句生詞，堅持不浪費一分一秒的交通時間而在車上完成無數份歷屆試題，堅持每天泡在自修室至少十六個小時。到進入考場的那一刻，我更是克服了自己長久以來面對名校生的自卑感，在考卷上振筆疾書，似是要傾盡自己所有的能量。今天的情況難道不是很相似嗎？經歷了幾年的成長，現在的我有什麼可能及不上當年的自己呢？每每想到這裡，儘管感到前路茫茫，我仍能咬緊牙關繼續工作。我告訴自己：這條滿佈荊棘的路，是我自己選擇的，因此我一定要夠堅強，要學會承受這一切一切，這是成長必經的階段。更重要的是：當年十七歲的我能承受那樣的壓力，為什麼現在的我不可以？

請記住：文憑試只是一張入場券，並不能定義一個人的一生，因此不用過於介懷，這個世上除了考試還有千千萬萬種美好的事物；雖說不用過於介懷結果，但過程中總不要為自己留下任何的遺憾。備試的結果並非你能控制的，但若你盡了力，未來的自己會感激你的，因為你備試時所培養的態度和心理質素，是終身受用的。這種影響人一生的態度，比起紙上的5**或所謂的「神科」名銜更為可貴。

再次感激十七歲的自己——你是我終身的榜樣。

鳴　謝

從最初開創 YouTube 教學頻道，到後來建立自己的線上教學平台，從來沒有想過能有自己的實體作品，因此要感謝好年華為我出版這本書，讓更多同學有機會認識我。

要答謝的當然還有我的家人——雖然我並非出生於大富大貴之家，但感謝父母從小到大都在能力範圍內，為我提供最好的資源。「最好的資源」並非是上「最貴」的學校，也不是上「最多」的興趣班，而是「最合適我」的教育方式。記得中學那會兒我經常埋怨父母不讓我考進傳統名校，長大後才知道他們用心良苦。他們知道我從小對自己要求很高，容易因和別人比較而對自己造成很大的壓力，因此讓我入讀活動式教學的一條龍中小學。我在這樣無拘無束的環境下，才可以探索出專屬自己的讀書方法。

還有外公、外婆一直都無微不至地照顧我的生活。我一直以來視之為理所當然，後來才意識到原來這對許多人而言是種奢侈。我能夠在文憑試的衝刺期心無旁騖地溫習，是因為家人已經幫我打點好一切的生活瑣事，讓我能吃得好、睡得好。他們不會過份干涉我的溫習進度，因為他們相信我能自己處理好，只會在我抱怨的時候當聆聽者。很多事情表面上是自己「一個人的功勞」，年少無知時也許會沾沾自喜；長大後才發現，生命中的每個結果都是由千百萬種人、事、物交織而成，沒有一個人的成功是單憑個人造就。而家人的支持，對我而言就是不可或缺的成功因素。

最後，也衷心感謝一路以來支持我的朋友、YouTube 觀眾和學生。在網絡上發佈作品，本來就要做好接受負面評價的心理準備，因為你不可能讓每一個人都喜歡你。幸好支持我的人還是佔大多數，要不是你們，也許我一早已經放棄跟大家分享讀書心得了。期待在其他平台繼續和你們再見！

好年華
Good
Time

你不能錯過的狀元讀書法（第四版）

作　　者／Melody Tam
文字編輯／陳竹平
版面設計／梁文俊
國際書號／978-988-70542-0-7
出版日期／二〇二四年八月
定　　價／港幣一百一十八元正

出　　版／好年華 Good Time
　　　　　電郵：goodtimehnw@gmail.com
　　　　　IG：goodtimehnw
　　　　　Facebook：goodtimehnw

發　　行／泛華發行代理有限公司
　　　　　電話：(852) 2798 2220
　　　　　傳真：(852) 3181 3973
　　　　　地址：香港新界將軍澳工業邨駿昌街七號星島新聞集團大廈